ヒト・カネ・コトが持続する
ローカルからの変革

田舎の力が未来をつくる！

Kanamaru Hiromi
金丸弘美　著

合同出版

もくじ

はじめに——地方から始まる地域創造

日本は外国人観光客誘致を政策に大きく掲げ、その数は、2005年の673万人から2017年には2400万人へと大幅に伸びた。

2020年までの目標を2000万人としていたが、2017年時点で目標を達成したことから、さらに上の4000万人、2030年は6000万人を目指すと発表した。これは世界の外国人観光客誘致ランキングでいうと、フランス、アメリカ、スペインに次いで、世界4位へと躍り出ようという数字だ。ちなみに現在の4位は中国。2016年時点で日本は世界16位である。

日本人は、それまで海外に行くことは多かったが、自国に海外の人を呼ぶのは、あまり熱心ではなかった。実は、アジア圏でも海外からの観光客誘致では低い数字だったのだ。今でも、トルコ、タイ、香港、マレーシアなどが日本より上位にある。

大きな方針転換をしたといえる。2007年からは「住んでよし、訪れてよしの国づくり」をスローガンとする観光立国推進基本法が施行され、グローバル社会のなかで観光客誘致を積極的に打ち出した。格安航空会社が格段に増えたことも大きい。2020年の東京オリンピックが決まり、昨今はその動きもかなり活発だ。

ただ日本への外国人観光客が増えたのはいいが、彼らの訪問・滞在先は東京、大阪、京都が中心で、地方にはあまり流れていない。まだほんの一部だ。おまけに都市部では宿泊施設が不足気味になっている。

そこで注目したいのがイタリアだ。現在、外国人観光客誘致ランキングでは5位の座につく。1～4位まで国土面積の大きな国が並ぶなか、イタリアの国土は日本の5分の4しかないながら、観光客誘致では国際的な力を持っている。

注目すべきは、アグリツーリズモと呼ばれる、農家をリノベーションして泊まれるようにした宿泊施設が人気を集め、中山間地や農村にも観光客が多いということだ。日本も農村に観光に行くような流れをつくりたい――そのことから、２０１５年、農林水産省では、イタリアのアグリツーリズモの調査と同時に、国内の農村部の受け入れ体制の調査を行なった。そして、２０１７年、農山漁村振興交付金として、農泊推進を進めるために予算化がされ、日本国内でも広げることが日本の政策に盛り込まれた。

こうした流れと同時に、今、日本の地方でも新たな未来を見据えた動きが躍動し始めている。農業の現場では、消費者が求めるものを把握して生産をして収益を確保し、暮らしが成り立つような経営をする。加工はもちろんレストランまで運営をして高い収益性を挙げて雇用を増やす。農家の宿泊と景観の持ち味を活かして外国人観光客に向けたマーケティングを行ない集客する――すでにイタリアで行なわれているこのようなことが、日本各地で生まれてきているのだ。

本書では、それらの具体的事例を取り上げる。培われたノウハウが連携されて、より創造的で豊かな力が、未来の地域を生むに違いない。

第1章　イタリアのアグリツーリズモという産業

中山間地に広がる新たな観光事業

海外からの観光客が多い国ランキングがある（国連世界観光機関／日本政府観光局、２０１６年）。

１位　フランス　８２６０万人
２位　アメリカ　７７４７万１０００人
３位　スペイン　７５５６万３０００人
４位　中国　５９２７万人
５位　イタリア　５２３７万２０００人
６位　トルコ　３９４７万８０００人
７位　イギリス　３５８１万４０００人
８位　ドイツ　３５５７万９０００人
９位　メキシコ　３４９６万１０００人
10位　タイ　３２５８万８０００人
……
16位　日本　２４０３万９０００人

国土の広大な上位４カ国に比べ、５位のイタリアは日本の５分の４の広さであり、中山間地が８割だ。にもかかわらず、圧倒的に海外からの観光客を伸ばしている。

一方で、世界遺産の数をみると（ユネスコ、World Heritage List、２０１７年）、

1位　イタリア　53件　　6位　インド　36件
2位　中国　52件　　7位　メキシコ　34件
3位　スペイン　46件　　8位　イギリス　31件
4位　フランス　43件　　9位　ロシア　28件
5位　ドイツ　42件　　10位　アメリカ　23件
……
12位　日本　21件

イタリアには観光地が豊富にあることがわかる。オペラやファッション、スポーツなどの文化に惹かれて訪れる人も多いだろう。しかしそれだけではない。大きな集客力で注目されているのがアグリツーリズモだ。「アグリ（農業）」と「ツーリズモ（旅行）」を組み合わせた言葉で、農村体験ができるプログラムを意味する。宿泊施設を備えた農家に滞在し、農家ならではの料理や農業体験を楽しめる。

イタリアでは、アグリツーリズモを営業する農家が２万６８２軒ある（イタリア統計局、２０１４年）。２００３〜２０１４年にかけて55・7％も増えたという。イタリアはじめＥＵでは、地方に経済を生み、雇用を増やし、観光でも大きな産業になると積極的に推進をしている。

開業する地域をみると、中山間地が85％。北西部で5・6％増加。サルデーニャ島、シチリア島でも3・6％が増えたという。全体では年間6・8％の伸びだ。

私はこれまでに北イタリアのピエモンテ州、中部トスカーナ州など、何軒かのアグリツーリズモに宿泊したが、どこも快適だった。後ほど詳しく説明するが、部屋はすべて個室タイプになっていて、ベッド、トイレ、シャワーがある。朝食は、農家で採れた果物、パン、コーヒーといった軽食。そこを拠点に、周辺を観光する。

私の知り合いの旅行好きの女性たちに尋ねてみると、チーズやワイン、オリーブオイルなどの生産地を目的に仲間たちとツアーを組み、頻繁にイタリアに訪れているという。行き先は当然農村部、旅行の形態はアグリツーリズモだそうだ。イタリアでは、地方滞在する人の70％がホテルではなくアグリツーリズモを選択するという。

◆イタリア（本文に登場する州・島を表記）

日本の農家民宿の現在

日本の古くからの民宿といえば、朝夕食を出し、宿主と同じ屋根の下に設けられた部屋に泊まる。トイレやお風呂も宿主や他の客と共同というところが少なくない。簡易宿泊の許可を取った農家では、家族の生活空間とまったく一緒というところもある。

少し話がそれるが、日本の旅館業法では、建築基準などの違いによってホテル営業、

◆日本の旅館業の種別（「旅館業法」より）

（1） ホテル営業
洋式の構造及び設備を主とする施設を設けてする営業である。
（2） 旅館営業
和式の構造及び設備を主とする施設を設けてする営業である。いわゆる駅前旅館、温泉旅館、観光旅館の他、割烹旅館が含まれる。民宿も該当することがある。
（3） 簡易宿所営業
宿泊する場所を多数人で共用する構造及び設備を設けてする営業である。例えばベッドハウス、山小屋、スキー小屋、ユースホステルの他カプセルホテルが該当する。
（4） 下宿営業
1月以上の期間を単位として宿泊させる営業である。

旅館営業、簡易宿所営業、下宿営業の4タイプに分けられている。民宿や民泊を開設するに当たっては簡易宿所営業許可が必要になるが、国家戦略特区域においては外国人滞在施設経営事業特定認定を自治体から受ける必要がある。

日本の農村漁村の民宿数は３１９６軒。このうち農家民宿は２００６軒ある（２０１０年農林業センサス）。イタリアと比較すると10分の１にも満たない。

グリーンツーリズムはイギリスのB&B（Bed and Breakfast の略）が発祥といわれる。こちらも個室スタイル。朝食には温かい卵料理にマッシュルーム、ベーコン、トマト、ビーンズからなるイングリッシュ・ブレックファストがあるが、昼食やディナーは地域の飲食店などで自由に食べるというスタイルだ。

イギリスには、農村部に環境保護や街並みの調和を目的とした景観対策が行なわれている。イタリアも同様だ。１９８５年に制定されたガラッソ法によって、各州に景観保全計画を策定する義務を課し、景観規制が図られている。また景観政策とは別に、交通政策として交差点はラウンドアバウト(円形交差点)型になっている。派手な広告看板も見当たらない。後述するイタリアのエミリア・ロマーニャ州にアグリツーリズモでの旅に行った際、宿泊地の農場から近隣のワイナリーなどに行くまでを結ぶ道路には、信号がまったくない。

商店街は、観光客も地元の人も歩ける街づくりがされていた。ビニールハウスもなかった。郊外にチェーン店が立ち並び、田舎道に派手な看板が建てられ、暗闇のなかで自動販売機がギラギラと光っているという光景を日本のあちこちで見てきた。しかも、どこでも同じような風景で画一化されている。そんな光景は、イギリスにもイタリアにもない。

エミリア・ロマーニャ州ファッジョリー農場のアグリツーリズモ

２０１６年８月、イタリア北東部のエミリア・ロマーニャ州でのアグリツーリズモのワークショップに参加することになった。誘ってくださったのは、このワークショップのコーディネーターを務める中央大学法学部工藤裕子《ひろこ》教授だ。イタリアのヴェネツィア大学で学んだ経験もあり、現地の大学にもたびたびゲストとして招かれるなど、イタリアとの交流が深い。

ワークショップは現地との共同プロジェクトとして数年前から実施されており、ゼミ学生を対象として実施されている。目的は、地域のなかに新たな経済の仕組みをつくっている現場で、そのノウハウを学ぶことだ。このワークショップに同行させていただいた。

エミリア・ロマーニャ州は、イタリア国内でもアグリツーリズモの発展が著しく、観光客も増えているという。州都は、自動車メーカーの「ランボルギーニ」や「マセラティ」の本社があり、またヨーロッパ最古の大学を有するボローニャである。

ツアー参加者は19名。私たちは、まず首都ローマからバスで1時間余りのウンブリア州オルヴィエートへと赴いた。丘の上にある街で、古くはイタリアの先住民族エトルリア人が築いた高度な文化都市として知られている。ここで大聖堂や地下都市を見学した。コーディネートをしてくださったのは、カスティリオーネ・イン・テヴェリーナ市（ラツィオ州ヴィテルボ県）の前市長と同市の国際交流協会の会長のお二人。地下都市内のレストランで昼食をとり、さらにオリーブオイルとワインの生産農家を訪問した。この街は人口5万人以下で、環境に配慮し、地域独自の文化を守ることに積極的であることを示す、スローシティに登録されている。

また隣接するカスティリオーネ・イン・テヴェリーナ市の旧市街を散策し、ワイナリーやちょうど開催されていたワインフェスティバルの一環である音楽イベントなどにも参加し、そこで1泊した翌日にワークショップの主目的地であるファッジョリー農場へと向かった。

農場までは、貸し切りバスで約3時間の移動だった。広がるブドウ園を見ながら、バスがやっと通るかというくらいの細い山道をゆっくり登って行く。舗装はされていない。へたすると山から転落するのではないかしらと思うほどの道だ。

ファッジョリー農場は、チヴィテッラ・ディ・ロマーニャ市のクゼルコリ集落にある。人口1200人、標高210メートルの山間地にあり、農場の家屋と宿泊施設が併設されている。ここ

◆ファッジョリー農場の宿泊棟

を経営するのは、農場の設立者ファッジョリー＝ファウストさんご夫婦と長女、次女夫妻。孫が1人いる他にフルタイムで10名を雇用している。長女が農業法人の登記上の会長で、彼女が経理やマネジメントの担当をしている。

国内からはもちろん、国外からも年間1500〜1600名が訪れる。教育プログラムを提供する他、これからアグリツーリズモを起業したいという若い人が学びに来たりもする。売り上げは年間70万ユーロになるとのこと。

ファッジョリーさん自身は、EUや州政府の委員会にも入っていて、教育事業の講師も務め、農場経営の他にも収入を得ている。

農場の敷地内には、石垣と煉瓦でつくられた3棟の家屋がある。1棟は家族用。もう1棟が客室として使われる5室の貸室、および

◆筆者たちが宿泊した部屋のキッチンとリビングルーム

事務室で、もう1棟には1室の貸室と学習のための教室などがある。裏庭には小さなプールもあった。

私たちが泊まった部屋は、キッチン、ベッドルーム、シャワー、トイレがあり、滞在中の1週間、男性3名で利用した。Ｗｉ－Ｆｉ《ワイファイ》もある。

小さいけれど継続的な経済政策が生んだ

30ヘクタールある敷地のうち10ヘクタールが農地だ。野菜や果実の栽培の他、ロバやヤギを飼育し、養蜂もしている。2000年からは、風力発電システム1基、太陽光発電システム2基、温水パネルなどの施設をつくり、エネルギーのすべてをまかなっている。

「1基目は2000年に15キロワット分を設置。当時は1キロワット当たり8000

◆ファッジョリー農場に設置された太陽光パネル

ユーロの投資だった。2005年には、50キロワット分を設置。太陽光パネルは半額になった。そのあと3キロワットを屋根に設置したときには、1キロワット当たり1000ユーロにまでになった。2017年までには蓄電施設を設け、さらに有効に活用していく計画がある。庭やトイレのような直接肌に触れないものに使う水は、雨水を浄化し再利用をしている。

小さなアグリツーリズモの場合、儲けるというより節約が重要。太陽光、風力は農場のエネルギー削減になり、その分を将来の生産活動に投資できる」と、ファッジョリーさん。

滞在中にいくつかのワイナリーを訪れたが、再生可能エネルギー施設や節電のための設備はどこでも共通していた。州政府自体が再生可能エネルギーを支援し、大きく広がったのだという。

ちなみにイタリアは、原子力発電所の稼働を国民投票で廃止をしている。日本同様エネルギー資源に乏しく、かつては4基の原発が稼働していたが、1986年のチェリノブイリ事故後、国民投票で廃止を決めた。

しかし、2008年に発足した第3次ベルルスコーニ政権時代、エネルギー対策で原子力発電が必要と政策に盛り込まれる。2011年6月、その是非を問う国民投票が行なわれた。その直前、3月に起こったのが福島での原発事故。これが影響し95%が反対票を投じ、原子力発電の再開は中止となった。世界各国が再生可能エネルギーにシフトを切り替えるなかでの正しい選択だといえるだろう。

再生可能エネルギーの普及や、自然環境を活かしたツーリズムを推進するこうした政策によって、小規模で継続的な経済が生まれている。実際に請け負うのが、地域の工務店、施工業者、再生可能エネルギーの工事関係者などであり、地元のさまざまな産業に経済効果が現れる。将来は、再生可能エネルギーの技術向上にも大きくつながっていくことだろう。原発再稼働を推進する日本は、愚かな選択をしているとつくづく思ったものだ。

ファッジョリー農場には気象観測のための電子百葉箱が設置されている。これは各地域の農場にもあり、情報は州に提供され、共有されることで農業に活かされる。

農場の家屋は、11世紀頃にあった家の土台をもとに、木、煉瓦、地元の石などを使い、復元されたもの。新しい施設だが風景に見事溶け込んでいる。これも祖先が築いた地域の文化を伝えることが意識されている。この施設に内外の観光客や、学校の教育事業、体験教室、大学の授業などを受け入れている。

志の高い若い人へ間口を広げる制度

アグリツーリズモの原点は、1985年に制定されたアグリツーリズモ法にさかのぼる。農業を守ること、農地を守り、農業をできる人口を保持することなどを目的に始まった。農業以外に、宿泊、体験、料理、加工品製造・販売などのサービスができるようになった。ただし、法人化をすること、生産活動にかける労働時間が全労働時間の50％を超えること、衛生管理をきちんとすること、地元農産物を使うことなどの決まりがある。

前述したように、現在はイタリア国内で2万軒余りのアグリツーリズモを行なう農家がある。この15年ほどで急激に増加し、近年、経営者が男性から女性に移る傾向があるという。エミリア・ロマーニャ州では17％も女性が増えたそうだ。一方で、中部のトスカーナ州は115軒が、南部のバジリカータ州では102軒が店じまいをしたという。どうやら儲けに走りすぎた結果、やめたところが多いとのことだ。

「開設に当たって、40歳以下の若い人はEUの補助を受けることができます。ただし、きちんとしたプロジェクトのプランが必要です。けれど若い人には、可能性が広がるしモチベーションになります。また若い人がアグリツーリズモをやりたいと言っても購入や、銀行の借入ができない場合、州が農家を買い上げて運営委託をする指定管理者のような制度もあります。これは教育のシステムとホテルや教育機関との連携で可能になったものです」（ファッジョリーさん）

ファッジョリーさんは近くの町の出身。町を出て都会に行き、ドイツ系の企業で働き、部長まで務めた。仕事は多忙で家族の会話もままならず、自然に触れる機会も少ないことから、1989年33歳のときにこの地に移住した。当時は地域の人を相手に「これから田舎の素晴らしさが評価され、ここに人がやってくる」と話しても、まったく相手にしてもらえなかったという。それまでは地元から都会に若者が流出し、人口が激減していたからだ。

それでも、あちこちに出かけては、都会が持ち得ない農村環境の素晴らしさを話したのだという。地域の共通の価値観を持つ人のネットワークが必要と考えたからだ。やがて、実際に人が来るようになり、次第に周辺の見方が変わった。

現在ファッジョリー農場は、同業者やそれを志す人たちが、運営ノウハウを学ぶための場にもなっている。そしてEUでも観光と雇用を生む産業として、政策に取り入れられている。ここ20年ほどでの大きな変化だ。

「田舎に観光するなら農家に宿泊」が定着している

ファッジョリーさんたちの調査が興味深い。

「お客さんは全国から訪れる。平均年齢は41歳。高学歴が多く63・9％が大卒。過半数は大都市の人たち。有機農産物を購入したり、NPOに参加するなど、社会活動に意識が高いという傾向もある。環境への配慮、風景の保存、リユースなど共通の価値観がうかがえる。友だち同士で訪れる人がもっとも多く66・3％、カップルが27・8％、一人で来る人は5・9％だ。田舎に来る目的は仲間と楽しむこと。海外や他の地域の人たちを知り合いになることも喜びになっている。

かつては都市と農村の間には大きな溝があった。教育的な農場のおかげで橋が架かった。畑で果物の収穫、野菜をつくる、生き物に触れる。アグリツーリズモ自体が、魅力のあるものとなった。観光客は、最終的な地点を目指しているのではなく、自分のモチベーションを高めるために移動しているといえます」

田舎を訪れる客のうち74%が宿泊先として、ホテルではなくアグリツーリズモを選ぶという。また農村の宿泊施設に必要なものとして50・6%が、インターネットにつながっていることと回答しているという。

集落全体を取り込んだアグリツーリズモのプログラム

実はファッジョリー農場に来るまで、私はこの農場でのアグリツーリズモについて大きな誤解をしていた。てっきり、農業体験や料理教室、収穫など、農場内での学習を主体とし、料理提供や特産品を販売するところだと思っていた。というのは、日本国内でも広がる農家民泊や、体験型ファームは、農家や園内で学ぶというものや、修学旅行を対象としたもので一泊二日、せいぜい二泊三日というものが多いからだ。ところが、まったく見当違いだった。

「ここのような丘陵地では大きな農地を確保できない。アグリツーリズモを営むなら、限られた資源をどう活かすが大切になる。例えばここなら鷹が飛んでいるという環境がある。そうした都会が持っていない物を売っていくことも必要でしょう」と、ファッジョリーさんは言う。

この「工藤ゼミ・イタリア・アグリツーリズモ・ワークショップ・ツアー」は、工藤教授によるオリジナル企画。参加する私たちにとっては、実に贅沢で実のあるものだった。

ちなみにファッジョリーさんが州などと提携して実施されている就業研修などの場合、ホテルや学校と提携する、地元のシェフと提携するなどはされているが、ほとんどのワークショップは外国からの参加者の場合でも数日というのが基本で、教室学習がほとんどとなっているとのこと。工藤ゼミの視察先の選定等は学生の研究テーマなどから、工藤教授がファッジョリーさんと相談して毎年少しずつ変更したりしているという。

ただし、地域全体とマーケティングするという考えと取り組みはファッジョリーさんの発想によるものという。

ちなみに通常のお客さんの場合、宿泊施設を4、5日～10日程度（素泊まりで）レンタルし、お客さんが朝食を含めて自炊、車で周囲に出かける、というのがアグリツーリズモの典型的なスタイル。農業体験などは、必ずあるわけではない。

イタリアでは、全国規模のアグリツーリズモのガイドブックもウェブサイトもつくられていて、連携するスーパーにも案内コーナーも設置されていた。海水浴に来る人に中山間地のよさを、山や丘陵地帯に避暑に来る人に海のよさをという「マーレ・エ・モンティ」という試みも行なわれていた。

ファッジョリーさんのアグリツーリズモには、農場に着いてから、1週間のプログラム中に訪れる場所が、どんなところか、なにを知るのかという学習のための資料とパワーポイントが用意され

◆ファッジョリー農場のダイニングルームでの食事。手前左が奥さんのミラさん。その隣がファウストさん。手前右が工藤裕子教授

ていた。滞在の後半は、アグリツーリズモの運営とマーケティングまでレクチャーがある。さらに参加者から感想をもらい、それを集客の調査に活かすという徹底ぶりである。そのことが、外国人観光客のニーズに合ったアグリツーリズモに進展したのだと納得である。

一般の海外旅行に慣れた参加者のなかから、「こんな濃密なスケジュールで学習がある海外旅行ははじめて」と言う人もいたほどだ。

ファッジョリーさんには、アグリツーリズモ運営の明確な哲学がある。

「情熱と愛情が必要、仕事にはパッションを持っていることが大事。これは一日ではできない仕事だから。ボトムアップで、下からのプロジェクトでなければならない。大事なことはコミュニティーに所属をしていることに誇りを持つことです」

農家の出資でつくられたワイナリー組合

ワークショップの一環として「チェゼーナ・ワイナリー組合（Cantina Sociale di Cesena）」を見学した。州の東南部に位置するフォルリ＝チェゼーナ県にある農家が集まり出資して生まれたワイナリーである。

この地域はトスカーナ州との州境にあり、西部は花の都フィレンツェに、北東部の一部がアドリア海に面している。山の気候と海の気候がミックスされていて、ワインづくりに恵まれた環境にあるという。また歴史的にもイノベーションとホスピタリティにあふれ意欲の高い地域だという。

1軒の農家ではできない事業にしていこうと1933年に創立された80年の歴史を持つワイナリー組合だ。ブドウ栽培だけではなく、ワイン醸造から販売まで一貫して手掛けるスタイルを確立したのだという。このシステムは、新しいビジネスモデルの先駆となった。この手法はやがて州内に広がったのだという。

会員は400名がいる。年間3000トンのブドウを栽培している。ただし、全員がブドウ農家とは限らない。野菜や他の果物栽培をするところもある。そういう農家は別の組合にも入っている。経営の中心となる委員は、農業生産法人か農業者としている。

「委員会のメンバーの理事は9名。メンバーは、1年1回の総会での予算決定の会議のときに決まる。ただし、毎回変わると継続性がなくなるために、3年に1回、3名ずつ誰かが変わるというようにしています。組合員は規模の大小に関係なく、一人1票の投票権を持っています」とは、ワイナリーのスタッフの方の解説。

他の生産者組合も同じような経営方法をとっているところが多いという。

組合員数は、ここ数年、高齢化の影響で減っているという。

「世代交代がゆっくりで、次世代が育っていないことがある。この地域は75%が丘陵地帯。畑の規模が小さいところが多い。高品質の栽培を手掛けているが、生産コストも高くなる。継続していくのが難しいところは、平地の大きいところに吸収されている」

ワイナリーのスタッフは、季節によって変動するが16～17名の専任者がいる。このなかにテクニカル・スタッフと呼ばれる専門家が2名いて、ブドウ栽培からワインの品質、出荷までをすべて管理する。また1名のコンサルタントがいる。

「そもそも私たちの組合は、ハイクオリティのワインをつくるというプロジェクトを掲げています。畑の段階から品質管理をしています。プロジェクト希望者を募り、その農家のところにアドバイザーが行きます。本人たちがどうしたいかをヒアリングをします。

しかし、土地の土壌条件や日照によっては、必ずしもいい品質のものがつくれるとは限りません。とくにプロジェクトに参加をしていなくとも、いいブドウをつくっている人もいます。

基本的には、まず本人たちが、どうしたいのか、やりたいことを聞き出し、実際には、どのようなブドウが栽培されているか、どんな状況か、どんなワインができるかをチェックします。いろんな農家のブドウを見て、瓶詰めにするのか、それとも量り売りにするのか、いろんな観点からセレ

クションをしているのです」（ワイナリーのスタッフ）

ここは大きな敷地内に、まるで工場のようなワインを醸造する蔵と、直売のための店舗が併設されている。施設を改築した際に重視したのが再生可能エネルギーの導入だ。太陽光発電を取り入れ、ワイナリーの電気はすべて自家発電で賄えるようにした。

設備は、衛生管理も徹底されていて、ＩＳＯ９００１を取得している。

ブドウの収穫は９月。ワイナリーには、農家からブドウがトラックで運ばれる。糖度が計られて、水槽で洗い、茎、枝、実の部分に分けられる。

より分けられた果実は、10万リットルの容量のタンク６基に冷却して保管される。タンクのなかは、チューブが入れられて、下から上へと液状化されたブドウの実を循環させるようになっている。そのあと、さらにチューブで別のタンクに移され、種と皮が分離されて、熟成させる。２週間から20日間熟成させて、タンクで年明けまで寝かせ、春から初夏にかけて販売される。

製品としてできあがったときの品質によって、細かく価格帯が分けられているという。全体の売り上げは３００万ユーロで、販売先とその比率は以下のとおりだ。

①ワイナリーでの量り売り直売……40％
②瓶詰めによる直売……20％
③レストラン、バール（軽食・お酒などが飲める店。イタリア国内には至るところにある）、スーパーなどを通じての販売など。瓶詰め……30％
④海外への輸出……5～10％

一番驚かされたのは、ワイナリーで行なわれているセルフ方式の直売。ガソリンスタンドそっくりの量り売りのスタンドがあり、横にレバーがついていて、直接、持参した大きなボトルに、ワインを注ぎ、代金を払うというもの。

購入者が車で次々にやってきては、ボトルに詰めている。だいたい6ユーロほど。ボトルは大きく、瓶のワインなら6本は入ろうかというもの。

地元の人たちには馴染みのもので、日常のワインとして飲まれる。

宿泊したアグリツーリズモでは、毎晩、食卓にワインがふんだんに提供された。それというのも、リーズナブルなワインが、容易に手に入るという環境があるからだと後になって理解できた。

◆スタンド形式の量り売りワイン

食材の原産地保証で食文化の保全と普及を図る

ここのワインに使われるブドウの品種はサンジョヴェーゼ種が中心で全体の75%を占めている。DOC（Denominazione di Origine Controllata＝原産地統制呼称）を取得している。他に、トレッビアー

◆ EU の GI 保護制度（PDO、PGI、TSG）（農水省資料より）

⦿原産地名称保護（PDO:Protected designation of origin）	⦿地理的表示保護（PGI:Protected geographical indication）	⦿伝統的特産品保護（TSG:Traditional speciality guaranteed）
原産地で品質から生産の工程までが一定の地域ノウハウで行なわれているもの。	特定の場所、地域、または国を原産地としていること。生産・加工・製造の少なくとも一段階がその地域で行なわれているもの。	伝統的な製法（30 年以上）による生産、加工された産品・食品。原産地と製品の間に必ずしも関連性は求められないが、伝統的な特性や特徴があるもの。

ノ種と、ローカル品種でＤＯＣのアルバーナなどがある。

最近では有機ワインを増やしていて12%が有機栽培だ。有機ワインは２００リットルの樽で熟成させる。

ここで改めて食材の保証制度について解説したい。前述したＤＯＣは、イタリアの法律で１９６３年以降に決められたワインの品質を保証する制度。生産地、品種、醸造法、収穫量、アルコール度数、特徴などを登録し、独自性を明確化をするものだ。その上のランクとしてＤＯＣＧ（原産地名称保護制度）がある。

このように、特定の地域で生まれた食品を保証する制度を地理的表示および原産地呼称の保護制度という。フランスがもっとも早くこの制度を導入したといわれ、ＡＯＣ（Appellation d'Origine Contrô-lée）というワインやチーズなどの認証制度がある。例えばブルーチーズの代表であるゴルゴンゾーラ

◆国別の地理的表示登録数（世界貿易機構、2015年より）

	国名	登録数	主な地理的表示産品
1位	イタリア	275	ゴルゴンゾーラチーズ、パルマハム、バルサミコ酢など
2位	フランス	224	シャンパン、エシレバター、カマンベール・ド・ノルマンディなど
3位	スペイン	181	リオハ・ワイン、カヴァ、イベリコ豚の生ハムなど
4位	ポルトガル	132	マデイラ・ワイン、アソーレス諸島産パイナップル、パン・デ・ローなど
5位	ギリシャ	102	カラマタ産エキストラバージン・オリーブオイル、ナウサ・ワイン、ヒオス島産マスティハなど

チーズは、法律によって特定の地域で生産されたもののみが、名乗ることができる。

そもそもは、有名な食品の呼称を名乗ったまがい物が生まれたことから、そうした偽装を防ぐために始まった。今ではブランド力とその地域の特産を保証するものとして制度化され、フランスの制度をベースに、ＥＵ全体としても独自の認証制度（26ページ図参照）を実施している。

イタリアは、地理的表示（ＧＩ＝Geographical Indication）が登録された食材がもっとも多い。これらの特産品が、観光にも輸出にも大いに貢献している。日本もやっとその価値に気付き、２０１５年から開始した。現在、神戸牛（神戸ビーフ）、但馬牛、夕張メロンなど42品目の認定をしたばかりだ（２０１７年9月現在）。

イタリアはＥＵの主要農業国の１つであり、農業生産額はフランス、ドイツに次ぐＥＵ第３位。輸出額をみると、ワインとオリーブオイルで世界第２

位、チーズで4位となっている（農水省、２０１４年）。
日本への農産物・加工品の輸出入をみてみよう（財務省貿易統計、２０１４年）。
日本↓イタリアへの輸出額……46億８４００万ドル
日本↓イタリアからの輸入額……87億６７００万ドル
日本のマイナス40億８３００万ドルと、完全に日本の輸入超過になっている。
中山間地の農家宿泊体験が観光客に注目を浴び、国内外の観光客誘致に大きくつながっているばかりではなく、ワイン、チーズなどの海外輸出や、若者の農村の雇用にもつながっているイタリアのアグリツーリズモから学ぶべきことは多い。

地域のあらゆる文化をマネジメントしグローバル市場へ

販促も積極的で、地域イベントとも連携をしている。関連する試飲会、スポーツ、文化イベントなどに、会員も一緒にアプローチをしている。

「この地域ではマウンテンバイクの集いが盛ん。そこにも参加しています。とくに新しいワインを販促するに当たっては、製品を多くの人に知ってもらうことが大切です」とは、案内をしてくださったワイナリーのスタッフの方。

チェゼーナ・ワイナリー組合の売り上げは、イタリア国内では5％の伸びと堅調だが、経済状況は決してよくないとのことで、海外に向けての販売を強化しているという。

「今後を考えると多様化が必要。海外市場が10％以内というのは少なすぎると思っている。海外市場を目指すというのは不可欠の選択。積極的に出かけている。とくにアメリカ、ドイツに焦点を当てている。

ただし、海外市場には時間がかかる。長期間をかけて知ってもらう必要がある。

アメリカの人によく言われるのが、『このワインはおいしいけれど、どこから来るのか』と。キャンティというのは、トスカーナ地方の地域の赤ワインというのは誰でも知っている。ところが、その元になるのがサンジョヴェーゼ種だと知っている人は少ない。しかも、このエミリア・ロマーニャ州で多くつくられているブドウと知る人は、もっと少ない。

いかに自分たちのアイデンティティを海外で確立させるかが簡単でないことを知っている。地域において、これからもっと積極的においしいだけではなく、ワインが独自のものであると知ってもらうために、文化的側面や、伝統的、歴史的なことまでも知ってもらう活動が必要です」と、同氏。

◆ワイナリーでの試飲の風景

販売促進においては、商工会からの補助がある。州政府からの補助は、応募形式。とくにEU外に行くとき、マーケティングや販促などに出している。数年前に上海でのプロモーションには40％の助成が下りたそうだ。またEU外へのプロモーションには、EUからも援助があるという。

まだまだ認知を広めることが必要だとはいうものの、エミリア・ロマーニャ州のワインが評価されている手応えは感じているとのこと。

「これは必ずしも私たちのワインだけではなく、他のワイナリーの品質の高さが、世界的に認められるようになったからだと思います。

これは一人ひとりの農家とワイナリーの努力の結果だと思うのです。ただ、隣接するトスカーナ州、ピエモンテ州、ヴェネト州のように、州全体として強いプロモーションができているかというと必ずしもそうではないというのが弱みだと思っています。

それは、それぞれが品質の高い優れた商品をつくっているということでもありますが、一匹オオカミでやっている性格があるからです。全体のマーケティングができていない。最近は南部のシチリア州が、ワインに関しては、うまいマーケティングをしています。伝統や文化を含めて、どのように地域を売り出すかという点で。

ワインというのは、飲む人がその裏にある歴史、文化、伝統なども味わうわけですが、最近はそうした総合的な視点からのプロモーションがちょっと欠けているのでは思います」（ワイナリーのスタッフ）

筆者の目には、州全体の取り組みは、素晴らしいものと映った。

エミリア・ロマーニャ州は8つもの世界遺産がある。食に関しては、パルミジャーノ・レッジャーノ（チーズ）、バルサミコ酢、パルマハム、ボローニャ・ソーセージなど、地理的表示を持つ特産品も多い。そしてボローニャをはじめとする観光地と、山間地のアグリツーリズモ、レストラン、スーパーなどが広域的に連携してプロモーションが行なわれている。どの地域に行っても食、ワイン、観光、地域産物、文化資産などについてのわかりやすい解説が、インストラクターやガイドブック、レシピブックなどを介して紹介されている。

しかも世界的視野で、国内はもちろん、ワインの見本市の展示会のプロモーション事業にも積極的に出ている。文化と食と観光をミックスした戦略を、非常にまとまった形で手掛けられていると感じたものだ。

地域縦断で料理・文化・出版・食材・給食まで総合力で発信

ワークショップで訪れたエミリア・ロマーニャ州フォルリ＝チェゼーナ県フォルリンポーポリの取り組みも、非常に戦略的に優れていた。人口1万2223人のこの自治体は、20年かけて食文化を全面に打ち出して街をPRする方策を取っている。一連の取り組みは、今では国際的にも知られるようになり、観光客も増大している。

筆者たちワークショップの一団が案内されたのは、市議会議場。ここで評議員や、プロモーション、施設のマネージャーなどが、コンセプトと運営についての説明を受けた。

街はアドリア海に近く、交通の便がよいところだが、周辺地域に比べて、海や山など、観光資源と呼べるものがなかった。工業都市でもなかったという。

そこで注目したのが、ペッレグリーノ・アルトゥージという一人の美食家だった。この町の出身でイタリアの家庭料理をまとめて出版をした功績から、今では「イタリア料理の父」とも呼ばれる。彼は１８２０年に食品店を営む家で生まれ、商人として活動した。仕事で各地に出向いた先で家庭料理を味わい、そのレシピを記録した。そしてレシピをもとに、家で家政婦のマリアさんに手伝ってもらい、実際に料理を自らもつくって食べてみた。それらを収集した４７５のレシピを、71歳のときに自費出版をしたのだ。

本のタイトルは『La Scienza in cucina e l'Arte di mangiar bene（キッチンのサイエンス　おいしく食べる方法）』。１８９１年の刊行後、本を読んだ人たちから掲載されていない料理や、別のバリエーションのレシピが多く寄せられた。それらを加えた15回の改訂を重ねて、７９０のレシピとなった。

当時イタリア統一運動（１８１５〜１８７１年）を経て、１８６１年にイタリア王国が建国されてはいたが、いまだ国が統一されてはいなかった。そんななか、各地方から家庭料理を拾い上げた。またダンテが『神曲』を発表したときと同様、ラテン語ではなくトスカーナ方言の言葉で書き綴ったことで、多くの人が読めるものとなった。そしてイタリアの各地方の家庭料理が

◆アルトゥージのイタリア料理の本

広く知られるようになる。

アルトゥージという人が、そもそもどういう人で、どんな活動をしたのか、その彼の功績を踏まえて、再評価をするとともに、新しい価値とイノベーションを起こす事業が、町全体でのプロジェクトで始まった。２００７年のことである。

各家庭の書棚にあったその本が、イタリア人にとってどんな価値を持つのか。役所、市民団体、大学、商工会、国の機関での連携でプロジェクトが生まれ検証から始まった。同時に、トリノにある出版社と交渉を行ない、イタリアの家庭料理を一般流通と海外向けに本にまとめ、食文化を広め、新たな価値を生み出した。本は、イタリア語版、英語版、ロシア語版、ドイツ語版、スペイン語版、フランス語版、ポーランド語版として出版され、広く知られることとなった。現在、日本語版も検討されているという。

旧修道院が食文化発信の拠点に

このプロジェクトのすごいところはそれだけではない。本の検証と同時に、街の中心にあるセルヴィ教会の２８００平米の敷地内にある修道院を改修し、「カーサ・アルトゥージ」（「アルトゥージの家」の意）という名前のイタリア家庭料理の文化センターを創設した。当時１００億リラ（５００万ユーロ相当）が投資されたという。古い建造物を使い、町の雰囲気をうまく調和させて、デザイン性も配慮されたものになっている。

「カーサ・アルトゥージ」には、アルトゥージの当時の書斎や本の展示はもちろん、図書館が併

◆「カーサ・アルトゥージ」の館長のスージーさん。手に持っているのは、黒豚「モーラ・ロマニョーラ」のガイド

設され、料理に関する本や映像が所蔵されていて、研究、調査、実用に使えるようになっている。本は4万5000冊があるという。

さらにアルトゥージのレシピでつくられた料理が実際に食べられるようにレストラン、ワインセラーも併設されている。調理室もあり、実際に料理教室も開かれている。

「知識として知ることは大切ですが、それだけではなく、料理をつくれることが大事になる。本は、プロ向けではなく、料理が好きな人に書かれたもの。『まえがき』には、おいしい料理をつくるには、①情熱があること、②注意深く観察をすること、③きちんと正確につくること、とあります。おいしい料理で感動を与えられるものは、いい材料からつくられる。イタリアの特徴は素材のよさ。その背景には生物多様性があり、気候があり、フレッシュな食材があるということ。

みなさんは、イタリアの食材というと、パルマの生ハム、ボローニャのモルタデッラ（ソーセージ）、モデナのバルサミコ酢などを思い浮かべられるでしょう。実は、これらはすべてエミリア・ロマーニャ州の特産物です」とは、館長のスージーさん。

6月には「アルトゥージ祭」が町中で9日間開催される。音楽、ストリート・パフォーマンス、JAZZ、食をテーマに織り込んだ演劇などが行なわれる。このときは、70のスタンドでの料理の提供、マルシェ、テイスティングなど、食もさまざまな形で多彩に町中を挙げて提供される。人口の10倍、13万人が訪れるという。スージーさんはこう続けた。

「アルトゥージさんはこう言っています。『重要なことは、すべて実践にある』と」

地元のお母さんボランティアによる料理教室

今回の参加メンバーにも料理教室での体験が準備されていた。つくるのはピアディーナ。小麦粉に、水、塩、ラードやオリーブオイルなどを混ぜて練り込み、薄く丸く伸ばして焼いてつくる。パンやピザ生地を、そのまま焼いたものに似ている。毎日の農場での食卓やレストランでも目にした1品だ。家庭で食べられるものだったが、やがて主婦が観光客向けに販売をし始め、女性の社会進出のきっかけにもなったという。

先生は、アルトゥージの家政婦マリエッタから採られた愛称「マリエッタ・アソシエーション」のお母さんたち。家庭料理をつくり、教えることができる100名の女性ネットワークで、講師として、さまざまなイベントに協力しているボランティアグループ。日常の料理の経験が豊富なお母

◆マリエッタ・アソシエーションの講師

さんたちが教えてくれた。

使われたラードは、放牧されている黒豚でモーラ・ロマニョーラという品種のもの。

「よくかいでみてください。木の実や森の香りがするでしょう」と、五感を刺激する解説がある。

塩はローマ法王に献上され、今もつくられるエミリア・ロマーニャ州ラヴェンナ県にあるチェルヴィア塩田の天日干しの塩。粒が大きいが、口に入れると、まろやかで、とろけて、うまみ、甘味があり、やさしい。塩がつくられる過程は、料理教室の前日に「塩の博物館」の見学がプログラムされていた。

いずれの食材も、隣のピエモンテ州から世界的に知られるようになったスローフード協会のガイドブックに掲載されている逸品だ。

料理教室では、基本的にイタリア家庭料理を学びたい人に向けて開放している。「マリエッタ・アソシエーション」のメンバーが講師を務めるのは、生パスタやピアディーナなどの基本的な家庭料理。これ以外のさまざまなパスタ、魚や肉などのコース料理、焼き菓子などは、プロのシェフが教えている。開講は、週末や午後の短期間。長期滞在の観光客向けに1週間コースなどリクエストに応じる料理教室もあるという。

郷土料理と地域食材でつくる学校給食

学校給食用の近代的な施設をつくり、郷土料理と地域食材に沿ったメニューを子どもたちにも出しているというのだから徹底している。調理を担当するのはフォルリンポーポリの職員だ。３００食が提供できる。最高７００食できる設備になっている。

「ロマーニャ人にとってのタリアテッレ・アル・ラグー（卵入りの平打ちパスタに肉の煮込みを合わせた郷土料理）は、通常の子どもたちの普通の給食になっています。

素材がよくてこそ、いい料理ができる。素材がよくても、料理人がよくなくて、料理がまずくなることは確かにあるかもしれないが、その逆はない。よくない素材で、いい料理は絶対にできない。だから素材には、とてもこだわっています。学校の給食の素材はどこから来るのか、トレーサビリティはもちろん、どうやって運ばれてくるのか、基本的にはキロメートル・ゼロ（フード・マイレージ）。つまり地産地消）を心がけています。

給食は、食の出発点。すべての工程をきちんと管理をしている。食育の意味でも重視しています」とは、担当者の話。

◆地理的表示の食材マップ

文化センターのプロジェクトは、世界25カ国で実施されたイタリア料理を世界にプロモーションをする国のプロジェクト「Settimana della Cucina Italiana nel mondo」（世界のイタリア料理週間）にも採用された（２０１６年11月21日〜27日）。

プロジェクトは最初は小さい規模で、国の援助もなかった。だんだんと横断的なネットワークを築き、70もの組織・団体にまで広がり、国や州の支援を受けるまでになった。

加えてエミリア・ロマーニャ州には、パルマ・ハム、パルメジャーノ・レッジャーノなどを始め、バルサミコ酢、ワイン、お菓子、オリーブオイルなど、地理的表示（geographical indication）を持つ食品がイタリア国内でも、もっとも多くあることから、町、県、州との連携が重要な意味を持った。食のクオリティの高い特産品があることは、地域の観光や輸出にも大きくつながるからだ。

料理教室には、エミリア・ロマーニャ州の地理的表示の特産品のマップも掲示され、使われる食材がどこから来るのかもわかるようになっていた。周到に練られた食文化の発信に、とにかく圧倒された。

スローフード×アグリツーリズモで相乗効果のプロモーション

アグリツーリズモが法制化された翌年、イタリア国内で大きなムーブメントが巻き起こる。スローフード運動だ。

今回のワークショップを企画した工藤教授は、地方の食文化の発信をこれほど先進的に進め、大きく広がったのにはスローフードの影響も大きいと指摘する。

スローフードの発祥地は、エミリア・ロマーニャ州の北西方向にある北イタリアのピエモンテ州ブラだ。1986年、ワイン愛好家たちが立ち上げた。当時の名称は「アルチ・ゴーラ」。有名なワインの名前を冠した「バローロ愛好協会」と、ワイングルメ雑誌『ゴーラ』が絆を深め、イタリア余暇・文化協会（略称ARCI）の傘下としてスタートした。

中山間地の農家がつくるブドウは、隣町のサンタ・ヴィットーリア・ダルバのワイン業者に販売されていたが、農家に価格決定権がなかった。そのため農家の所得は少なく、若者も後継者ができないという状況にあった。そこで地域のブドウの歴史、文化、品質、土壌調査などが始まり、また、醸造法から樽詰めから、瓶詰、そして販売の手法などのノウハウをもたらし、より、農家に所得と雇用をつなぐ仕組みをもたらしたのがスローフードの始まりだ。

折しもローマにマクドナルドが進出した時期であり、出店の反対運動を起こしたメンバーの「彼らがファストなら、こちらはスローだ」という冗談のような発言から「スローフード」の名称は生まれた。

その頃から地元のワイン農家との食事会、ワークショップ、ツアーなどを行っていた。すでにこのとき、農村観光の土壌が生まれ始めたわけだ。そこからイタリアンワインの本や観光ガイドの出版などが生まれる。

１９９０年、スローフード出版を立ち上げる。ここでもっとも成功したといわれるのが『オステリア・デ・イタリア（イタリアのオステリア）』というガイド本である。メンバーが郷土のワイン、料理を出す店に覆面調査して掲載店を選ぶ。掲載した店には、スローフードのロゴマーク「かたつむり」が贈られる。大衆版のミシュランともいわれる。年度版が出ていて、発行部数は８万部といわれる。

農村にある農家を改装した農家レストラン（オステリア）も多く掲載されている。これが農村や地方観光のワインと食の道案内となる。またそのおかげで、農村部の農家レストランの質が格段に上がったという。

今ではオステリアのみならず、ワイン、チーズ、生ハムなどを紹介するガイドブックや食の教育についての本なども次々と出版し、経済的基盤をつくるとともに、地方の食文化と観光を大きく広めることとなる。

国家プロジェクトを請け負うまでに成長

現在のＮＰＯスローフード協会はプロモーションの事業団体の名称で、彼らの活動がスローフードと呼ばれる。日本にはいまだに誤解している人が少なくないが、「スローフード」はボランティアではない。食べ物のことでもない。

国内に4万人、海外を含む全体で8万人の会員をかかえ、会費収入だけでも3億円を集めるといわれる。１００名近くを雇用し、地域のワインを始め、食文化を中心にプロモーションを手掛け、出版社と大学を持ち、地域経済につなぐ活動をしている団体である。

大きな事業は、州政府・ブラと連携したプロモーション・観光事業、出版、コンサルタント、大学事業と教育事業である。

とりわけ大きな事業が、設立から10年となるピエモンテ州トリノで開かれる食の祭典「サローネ・デル・グスト」（食のフェア。現在は名称が「テッラ・マードレ・サローネ・デル・グスト」となった）だ。１９９６年以降隔年で開催している。大きな会場にイタリアの食品を集め、食品販売会社、バイヤー、レストラン、マスコミなどとのマッチングを行なうトレードショー、つまり食品展示会だ。この事業のコンサルティングをスローフード協会が手掛ける。

州政府と観光局との連携事業で、州政府が1億円以上を出すし、企業もスポンサーになる。日本では広告代理店に任せるような事業を、ピエモンテ州は地域で生まれたＮＰＯに委託をした。こうすれば地域にノウハウもコンテンツも残る。地域雇用も生まれる。

もっとも地元を知って、地域の食の調査をしてきたジャーナリスト集団だったから、特産品を売り出すための戦略も明確だ。また彼らのおかげでこれまで見過ごされてきたような、小規模な生産者のつくるワイン、チーズ、バルサミコ酢、生ハムなどにスポットライトが当たるようになった。

２０００年からは、スローフード協会の事務所と出版部があるブラで「チーズ」というイベントが隔年で始まる。これは特産品であるチーズをベースにした自治体が主催のトレードショーとマッチング事業だ。スローフード協会がコンサルティングを行なう。町から４０００万円ほどの資金が提供され、スポンサーも入る。街中にチーズ生産者のテントが立ち、来訪者に町歩きをしてもらい、町中の施設を使ってチーズやワインのプレゼンテーションやワークショップを開くチーズをメインにした祭典だ。

「サローネ・デル・グスト」でも「チーズ」でも、スローフード協会が企画・運営・出展者のピックアップから、パンフレットの作成、世界へのマスコミへの発信、バイヤー、レストラン、デパート、食品店のマッチング、ワークショップのプランなどを手掛ける。こうして小さな、それまであまり知られることのなかったブラの町に、多くの観光客を導くこととなる。

文化として深め、未来に伝える

２００４年には、ブラ郊外のポッレンツォに大学が生まれた。州政府と不動産会社が出資し、公共的な役割を持つ3年制の大学「スローフード食科学大学」だ。１８４２年当時この地域を治めていたアルベルト大王が持っていたハンティングのための城をリノベーションして生まれた。

◆スローフード食科学大学

食の図書館、地下にはイタリア全土のワインが並ぶ。カリキュラムには、年間7つ、約2カ月半のフィールドワークが含まれている。現場を学んで、食文化の成り立ちから知ることができる。卒業生は、食品関係のマネジメント、レストラン、販売会社などで働く。

農家は生産物をつくり出荷するだけで価格決定権がない……。農家から、若い人が都会に出てでてしまい過疎化が進む……。スローフード運動以前のイタリアと日本は同じような状況にあるといえる。そこから、なんとか地域に活力と働く場と、仕事をもたらそうとアグリツーリズモが始まり、そうした農家の新しい試みをガイドブックで観光に導き、教育機関で人を育て、特産品をジャーナリズムの力と出版で世に知らしめ、さらに大学との連携で文化、歴史、食べ方まで、その知的財産を明確化してプロモーションを事業化したのがスローフード協会であり、スローフードという社会運動なのだ。

第2章 若者を惹きつけるために必要な発想の転換

外部との交流で地域の力を育む――長野県川上村

第1章で、地域の人たちが自らの経済を生むために、若者の仕事をつくるために、創意工夫のなかで地方や山間地に観光を生み出したイタリアの事例を紹介した。だが実は、日本国内でもイタリアとほぼ同時期に先進的な取り組みをしている地域があった。

長野県川上村だ。標高1000メートルの山間地にあり、レタス栽培で有名だ。人口4972名、世帯数1336、平均世帯人数3・7人、農業後継者の平均29・7歳。農家の一戸当たりの販売額は年間4100万円。医療費は18万8072円。いずれの数字も全国平均より突出している。農業収入が高いばかりでなく、医療費も低く、高齢者の就業率も高い。健康長寿の村としても知られる。前著『タカラは足元にあり！　地方経済活性化戦略』（合同出版、2016年）でも詳しくふれた。

その縁もあって、2016年2月、八重洲ブックセンターで開かれた本の出版記念トークショーのゲストとして川上村の村長であり、全国町村会会長の藤原忠彦さん（2017年7月31日より同

◆川上村のレタス畑（写真提供：川上村）

会顧問）をお招きした。川上村村長をおよそ30年務め、中山間地の農業振興と定住と活力を生む地域政策を牽引する藤原村長へのインタビュー形式のトークショーとなった。

川上村が人材教育と交流に力を入れていること。30年前からアメリカの研究所とレタスの品種開発をしたり、相互の子どもたちのホームステイ交流を行なったり、村の農家を海外視察に派遣したりする。「川上村の村民になったからには人生1度は必ず海外に行くこと」を標榜したグローバル人材を育成している。

CATVを役場へ導入し、それを活用して東京市場の動向調査と村の気象情報を即日公開し、農業の現場に、そのまま活かせるようにもした。

24時間貸出可能な図書館や文化ホール、レストランの設置など、文化面の充実にも積極的だ。これは農家のお嫁さんが東京を中心とした村外の人が6割を占めるというデータから必要性を見い出したという。今では図書館の運営、コンサート、映画上映、海外の人たちの来村の通訳まで、村の女性たちが主体的に行なう。

スクールバスと一般バスの一本化による村営バスの黒字化。福祉の充実で健康長寿の町づくり。役場の職員が現場に行き、地域の特性を知っての政策立案。使える補助金は徹底調査をして地域の力として還元できるようにする。村全体に目配せをしたトータルな政策をされていること、外部の視点を存分に入れて地域の力を育て、発揮するという人材の教育に力が注がれているということを改めて知った。なぜ川上村が農業収入が高く、農業後継者が若く、医療費が少なく、空き家も空き農地もないのかという理由を理解できた。

川上村がつなぐ縁

この日は2つの偶然に驚嘆した。

トークショー当日、時間より早くお見えになった藤原さんと楽屋でご挨拶を交わすなかで、ふと会場に料理家の馬場香織さんがお見えになることを話した。

『何度でも作りたくなる　ほめられレシピ決定版』（KADOKAWA、2015年）など多くのベストセラー本も出している馬場さんと私は、各地で食のワークショップを開いている。地域の売り出したい、新しいメニューで使いたいというリクエストに応じて、レシピを考えてもらう。地域内でノウハウを連携させ、商品化につなげるための参加型の料理会だ。これがとても評判がいい。

そんな彼女のお父さまは、アサヒビールで「アサヒスーパードライ」の開発に関わり、その後名

◆ 2016 年２月のトークショー。左が藤原村長、右が筆者

誉顧問に就かれた故・中條《なかじょう》高徳《たかのり》氏である。『立志の経営――アサヒビール復活の原点とわがビジネス人生』（致知《ちち》出版社、１９９３年）をはじめ数々の著作を発表されたベストセラー作家でもある。このことは私が馬場さんと知り合って、しばらくしてからわかった。

そのことを何気なく藤原さんに話すと、「中條さんは、村を陰で応援をしてくださっていたのです。私からもずっとレタスを送っていました」とのこと。

中條氏も長野県出身。故郷の小さな山間の村を陰で応援していたこと、また地方創生のトップランナーである川上村の藤原さんが、中條氏にアドバイスを受けて、政策の理念や方針を明確化され、現在に至る地域性の豊かな暮らしを築くことをされていたことをはじめて知った。

とかく地方だと、大手メーカーの知り合いができると、地方に工場を誘致したいとか、地ビールを売ってほしいというパターンになりがちだ。ところが、川上村では、地域の特性を活かして、どう活力を生むかという方向性や人材育成を学び、自力で持続的な経済と村をいかにつくるかという哲学を学んだという。

もう一つは、川上村を紹介した前著で取り上げた福井県越前市「タケフナイフビレッジ」と川上村の交流である。「タケフナイフビレッジ」は、刃物職人たちが共同で運営する工房だ。ここの包丁は、外国人観光客がわざわざ買い求めに来たり、１９９３年からドイツを中心に海外に営業をかけるなどして、今や広く知られるものとなった。

この「タケフナイフビレッジ」が川上村にレタス栽培用の包丁を提供し、また職人たちは村に包丁研ぎの指導に行っているという。

藤原村長は「レタスを切るのは重労働なのです。うまく切れないと負担が大きい。そこで、タケフナイフビレッジさんにオリジナルの包丁をつくってもらった。よく切れる」ということだった。村長に一番大事なことを伺ったら「これからは交流です」ということだった。広い視点を活かすという哲学を学んだ。今度、ぜひ一緒に料理開発をしましょうと言っていただいたこと。私の出した著作は「地方創生の教科書にふさわしい」と絶賛していただきうれしい時間となった。

個性を育てるフランスの食育

イタリアのスローフードで行なわれていた活動で、もっとも感銘を受けたのが「味覚の授業」と題されたワークショップだった。日本の「食育」のように栄養バランス中心の食教育ではない。

◆フランス・トゥール市郊外での味覚ワークショップでのハイキング

「味覚の授業」とは、食の文化や歴史、その素材の特性を学び、そして目、耳、鼻、舌、手をフル回転して食を味わい、その特性を豊かな言語で表現をするためのレッスンである。授業の最後は「お楽しみ」と言って、ミシュランでも紹介されている星付きのレストランに行って、料理家から食材の背景を聴きながら、料理を食べるのである。

講座は人間の脳・鼻・舌などの生理学的機能を理解した上で、組み立てられている。イタリアのスローフード協会のイベント、大学の授業、プロモーションでは必ず行なわれる。2002年、イタリアではじめての「味覚の授業」を体験したとき、このルーツがフランスにあるということを知り、直後に現地へ赴き授業を受けた。

フランスでの「味覚の授業」では、午前中はマルシェ、チーズの牧場、チーズづくり体験、ハイキング、ワイナリー見学、ワインのテイスティングなどをした。講義が午後に設定されていて、講師は現役の小学校教師だった。このとき食を語る豊かさにすっかり魅了された。とにかく楽しい。全5日間のワークショップだったが、毎日違うランチ、ディナーを、すべて料理人の解説で食べるのも授業の一環だった。

「味覚の授業」の目的は、食材を「見た目、香り、におい、味わい、触感」など、五感で味わい、それを言葉を使い豊かに表現することである。実際の食べ物の現場、料理の仕方、どうやって口に届くのかまでを知ることによって、さまざまな観察と経験へとつながる。

そもそも私たちは、物を食べるときにただおなかを満たしたくて食べているばかりではない。そして、目の前にあるものが食べられるのかどうかについても、五感で判断している。

目で見て、美しいとか、柔らかそうとか、甘そうなどと判断している。

鼻からの香りで、焼きたてとか、ジューシーとか、香ばしいなどと判断をしている。

耳からも、おせんべいのパリッと割れる音、感触の歯応えのよさを感じたりする。

手でさわって、柔らかそう、固そう、食べるにふさわしいかなどと判断している。

そして口に入れて、酸味や、爽やかさや、甘さや、塩味や、辛みや、うまみや、ジューシーさや、さまざまな味わいを感じている。パリパリ、柔らかい、ぬめぬめ、つるりと、爽やか、喉ごしがいい、きれがある、ぱさぱさなど、表現方法もさまざまだ。

食を語るというのは、ただ食べ物を紹介することではない。ましてや料理を味わうときに「おいしい」「うまい」など、単調な言葉で表わすだけでは食の持つ豊かな個性を伝えられない。感性を磨き、観察力を高め、豊かな語彙《ごい》を増やし、個人の主張と表現を広げることが重視されているのである。これは、フランスに行ってはじめてわかった。

「味覚の授業」にインスパイアされた私のワークショップ

話をフランスに戻そう。フランスで受けた「味覚の授業」のカリキュラムがおもしろい。①五感、②味、③におい、④視覚、⑤さわる、⑥聴く（聴覚）、⑦香り、⑧地方の名産物、⑨ガストロノミー（美食学＝食に関するあらゆる背景を学ぶもの）とある。

例えば、「視覚」では、形は、丸い、卵型とか、見かけは、にごった、くすんだ、澄んだ、キラキラ、結晶状、ざらざら、すべすべ、とか、色は、無色、黄色、緑、黄金色、琥珀、褐色、ピンク、紫、赤、ルビー、ガーネットなど、いろいろと表現がある。

視覚だけでも素材がどんなものかを観察して、それを味わいながら表現していく。このアプローチは、フランスの「ビュッセメソッド」と呼ばれる。

この養成講座の目的は次のとおり。

①他の人とよく話すために自分自身を知る
②味わう時の五感の重要性を理解する
③個人個人の違いを認識する
④感覚に関する語彙を増やす
⑤五感の生理学的機能を理解する

⑥知覚の目覚めを他の範疇にも延長させる
⑦味覚への目覚めを子ども、そして大人へ伝える

日本で学んでいる「食育」とは、アプローチが異なるが目指すところは同じ。

実はフランスに行って学ぶまで、「味覚の講座」は食の素材と味わいを知りうまく表現し伝えることだと思っていた。ところがそれは大きな誤解だった。「味覚の授業」は、食べるという、生きることにつながる根源的な動作を、五感を研ぎ澄ませ、表現し、個性を磨く授業なのだ。日本だとなににつけても同じ回答を求めがちだが、同じ物を食べても、生活環境や学びの場が異なれば、一人ひとりの表現は異なる。この授業では個性が尊重される。目からうろこだった。これ以降、私は現場のワークショップでも、この手法を取り入れるようになった。

毎年、フェリス女学院大学国際交流学部と明治大学農学部食料環境政策学科で受け持っている「食文化論」の講義の一環として、学外授業を行なう。通常の講義では、筆者が現場で見聞きした各地の活動、とくに食と経済、食とエコロジーといった新しい組み合わせで成功する街づくりや教育活動を現場の写真をできるだけ多く使って紹介する。

ただ講義で話をするだけでは、食のことは伝わらない。そこで体験を通して学んでもらう場を提供したいという考えから、牧場を借り切っての「牧場の料理会」、参加型のワークショップを始めた。自由参加で会費は３０００円。場所は京王線山田駅下車徒歩10分にある東京都八王子「磯沼ミルクファーム」。幸い10年以上も続く人気企画となった。プログラムの内容は以下のとおり。

①牧場ランチづくり＝石窯ピザ、ミルクスープ、デザート、プログラム、牧場乳製品試食

②乳搾り体験＝乳搾り、牧場案内、牛乳の話、放牧場で牛とのふれあい
③ミルクのテイスティング＝3種の乳牛のミルクの味わいを確かめる
④ミーティング＝牧場についての質問とお話

この料理会にはボランティアで料理家の馬場香織さんに来ていただいている。料理のポイントを学生にアドバイスしてもらい、メニューの幅もぐっと広がった。学生たちの手際もよくなり、おいしいものが早くつくれるようになった。

料理は、いくつかのチームに分かれて行なう。薪に火をつけ釜を温める。食器類を洗って準備をする。テーブルを設ける。ハーブティーをつくるためのお茶とミントを摘む。ミルクスープに使うチンゲンサイと小松菜を収穫する。野菜類を洗う。小麦を使いピザの生地をこねて、イーストを入れて発酵させる。トッピングに使うトマト、自家製モッツァレラチーズ、パプリカ、ニンニクなどを切る。バジルを用意する。

つくって歓声、食べて歓声

お昼ごろには準備ができて、それぞれのチームが思い思いにピザをつくる。生地を伸ばし、皿に小麦粉を振っておく。トマトソースをかけて、そこにトマト、パプリカ、バジル、チーズなどをトッピングし、釜で焼く。焼けたピザから順次食べていく。

参加者全員が、ピザを生地からつくり、薪釜で焼くのははじめて。ピザをつくって歓声が上がり、食べてまた歓喜の声が上がる。作業をしていくうちに学生たちはだんだんと打ち解け、コミュ

ニケーションも深まる。

できあがったピザはどれも個性的だ。チーズたっぷりのもの、トマトを中心にしたもの、ハチミツをまんべんなくかけたもの――。学生たちはそれぞれを食べ比べてまた歓声を上げる。

ピザの次はスープだ。大きな鍋に、搾ったばかりのミルクをたっぷり入れて、学生たちが収穫した小松菜とチンゲンサイの他、ブロッコリーや春菊などと一緒に煮込む。ミルクの甘い香りが漂う野菜たっぷりのスープができあがる。素材がいいから、シンプルでも食材の持ち味が生きる。

デザートは、馬場さんの指導で彩りも華やかな3種類が登場。まずは、凍ったイチゴとミルクをミキサーにかけた「スムージー」。それに、白いボール状の「トライフル」。これは、メープルシロップをかけたフランスパンの上に、カスタードクリーム、リンゴ、バナナ、ヨーグルトチーズ（磯沼流クレームダンジュ）を重ねたもので、ミントが飾ってある。よくかき混ぜて食べると、ヨーグルトチーズの濃厚な味とメープルシロップの甘さ、果実の酸味が絡み合って口のなかに広がる。

もう一つは、フランス料理の「ウッファラネージュ」風のお菓子。馬場さんによると、かつて家族と過ごしたアメリカでは「スノーエッグ」と呼ばれていたという。トライフルのカスタードをつくるときに余った卵白を使う。キャラメルソースに卵白の玉がふわふわと浮かんでいる。

スープからピザ、デザートまで食べ、すっかり満腹になったところで牧場見学だ。

牧場の周辺は住宅地

磯沼ミルクファームは、ＪＲ八王子駅からはバスで10分ほどのところにある。京王線山田駅から

◆磯沼ミルクファームで開催したワークショップで牛とふれあう学生たち

なら徒歩5分。学生たちがまず驚くのは、都内に牧場があるということ。何しろ周辺は住宅地。そこに突然、牧場が現れる。

牛小屋の床にはコーヒー・ココアの殻が敷かれている。周辺に住宅が増えたため、糞尿のにおい対策として始めたものだ。コーヒーやココアをつくる工場から廃棄される殻をもらい受け、毎日、少しずつ汚れたものを取り出し、新しいものと入れ替える。取り出した殻は発酵させて堆肥にする。堆肥は、周辺の野菜農家に売ったり、一般家庭のガーデニング用として販売したりしている。

牧場で飼っている牛は、ホルスタイン、ジャージー、ブラウンスイスの3種類（その後2017年にガンジーやエーシャーも加わった）。日本の牧場では、黒白マダラのホルスタインが圧倒的に多いので、これも珍しい。

ホルスタインは体が大きく、ミルクも肉もたくさんとれる。一方、ジャージーとブラウンスイスは、乳脂肪分が多く、濃厚なミルクを出す。磯沼ミルクファームが3種類の牛を飼育しているのは、個性あるヨーグルト・牛乳を製造・販売したいとの理由からだ。

牧場は6つのエリアに分かれている。生まれたばかりの牛の小屋、やや成長した牛の小屋、餌を食べて休む場所、ミルクを搾る場所、傾斜のある運動場、そして広々とした牧草地である。

ミルクのテイスティング

一通りの牧場見学が終わると、ミルクのテイスティングである。3種類の牛のミルクと、それらをブレンドしたミルクの計4種類を比較しながら、見た目や香り、味わいの違いを書いていく。「味覚のワークショップ」である。「官能評価」とも呼ばれる。

テイスティングの際は、あらかじめつくったワークシートを配布し、それに書き込みをさせる。これはこのワークショップで必ず行なっている。ワークシートには簡単な設問をしてある。

【ミルクを比べてみよう!】

●目で見てみよう。「色は何色?」

——例えば　白い?　黄色い?　他の色はどうかな?

●鼻でにおいをかいでみよう。「どんなにおい?」

——例えば　お乳、草、牛小屋、他のにおいはするかな?

●口に入れてみよう　「どんな味?」「舌はどう感じる?」

――例えば　甘い、すっぱい、苦い、バター、クリーム、こくのある

●味を感じよう。　他の味は？

――例えば　みずっぽい、とろり、なめらか

これを配りながら、私がこう付け加える。

「ミルクは白い。でも白さだっていろいろあるよね。雲のような白さ。雪のような白さ。エプロンのような白さ。そして、まだ恋する前の心の無心の白さだってあるかもしれない。さあ、よく味わって観察してみよう」

ふだんミルクを飲み比べることはあまりない。比較してみると、ホルスタインは白さが際立ち、味わいがさらりとしている。乳脂肪分が少ないためだ。ブラウンスイスやジャージーは乳脂肪分が多く、濃厚なミルクからバターやチーズが生まれる。

ヨーロッパのチーズの多様性は、牛や羊、ヤギといった動物の違い、牛の品種の違い、そして乳酸菌の違いから生まれる。こういう素材をしっかり知ることによって料理の組み立てが生きる。

朝10時から午後2時まで料理会。だが、料理をたっぷり食べて牧場を見学し、テイスティングまでしたら毎回4時近くになってしまう。最後に、朝摘んでおいたお茶とミントのハーブティーが振る舞われてお開きだ。

この特別講義後に提出してもらった学生たちの感想レポートには、参加者それぞれの発見と喜びが満ちあふれている。レポートだけでなく、「先生、楽しい」「こんな授業、またしてください」などと駆け寄ってきて、満面の笑みを浮かべる学生を見たときほど、うれしいものはない。

見て、触れて、つくって、においをかいで、食べて味わう。五感をフルに使い、表現することを促す体験が与える新鮮な刺激は、講義や本だけではできない深い学びにつながると感じている。

教育ファームのルーツもフランス

こういった体験ができる農場は「酪農教育ファーム」と呼ばれる。酪農家の全国組織「社団法人中央酪農会議」によると、全国で301牧場が認証されている（2016年度）。

フランスが先進国で、国や州が積極的に支援・奨励している。全国に約1400カ所もある。

教育ファームは、大きく分けて次の4つのタイプがある。

①指導ファーム＝教育を主たる目的としたもの
②農業経営ファーム＝農業経営者が運営するもの
③混合教育ファーム＝教育活動と農場経営の収益がほとんど等しいもの
④巡回ファーム＝学校、老人ホーム、治療施設、課外活動施設を巡回訪問するもの

一番多いのは、磯沼ミルクファームのような農業経営ファームだ。

日本では、中央酪農会議が2001年に認証制度を設け、体験型のファーム運営を支援している。認証を受けるには、①牧場の環境が整っている、②トイレ、手洗いがある、③施設・生産物賠償責任保険に加入している、④けが人が出たときなどにすぐ病院に行ける態勢がある、⑤牧場の案内ができる人が必ず1人いる——などの条件がある。

ただ、筆者が牧場の料理会を始めたのは、教育ファームを意識したからではない。デパートの催

事で、たまたまヨーグルト販売をしていた磯沼ミルクファームの磯沼正徳さんと知り合ったのがきっかけだ。もう20年も前のことである。

磯沼さんに牧場体験ができないか相談し、知り合いに呼び掛けて料理会を始めた。そして、イタリアとフランスで味覚のワークショップを知った。その後、大学で講義をすることになり、学生に現場体験を通して学ばせる学外授業を始めたというわけだ。

この間、磯沼さんのところに何度も通い、牧場の仕事を知り、そこに合ったさまざまな料理も試みた。その結果、テイスティングを取り入れるなどして学び伝える牧場の料理会が生まれた。これが実はフランスの教育ファームがルーツであったとは、後で知ったことだ。

「味覚の授業」への若い学生たちからの反響

前述したワークショップに先立って、大学の講義でも「味覚の授業」を紹介した。フランスでの講義の写真と、講義内容の詳細を紹介したプリントを大学で配って解説したのだが、多くの学生が、彼らの驚きが詰まったレポートを用紙にびっしり書いて提出をしてくれた。

「野菜売り場、彩りもきれいだし、見る人を惹きつける！　日本とは違う。美食学（ガストロノミー）を受けると、リンゴは赤くなければ、みかんはオレンジでなければ、という考え方は違うことを実感できることを知った。量り売りの市場の写真は、それだけで絵になりそうなくらいきれいだった。私も行ってみたい！　お洒落なカフェ！　素敵でした」

「味覚の教育では個人の条件や経験によって味覚の表現が変わるということで、ディスカッショ

◆フランスのマルシェ

ンにより、他人と意見を交換することで互いに認め合ったり、自己を表現したりする力がついてよいと思った。とくに日本では最近、討論の授業も少なく、互いに意見を交換する機会が少ないと思うので、そのような点で味覚の授業により他人と話し合える機会が持てるのは楽しみでもあり語らいも増やすことができるのでいいのではないかと思った」

「これは子どもたちだけが学ぶべきことではなく、地方で食のブランドを確立しようとしている生産者にとっても学ぶべきことだと思う。食べ物を表現するときに、どこでもあるようなありきたりの言葉では、消費者の心は動かされない。それこそ、五感に訴えかけるような香りや味わいの表現をすることで、その食べ物ならではの独自性が生まれ、相手に商品の特性を伝えることができる」

「日本ではスーパーやコンビニに売っている

お弁当やお惣菜には、人工の甘味料などがたくさん使われており、自分で同じメニューをつくっても、味がうんと違います。そういった人工的につくられた味に舌が馴れてしまうと味覚も鈍ってしまうと思うので、もっと素材の味などに敏感になるべきではないかと思います。その方が絶対に身体にもいいと思います」

「味覚が発達して細かい味の違いがわかると味わいに関する表現が増えるのだろうなと思いました。そうすると食べたときの楽しみももっと増えるし、自分でつくったときの味の重なりも豊かなものになるだろうと思います」

ワークショップのパートナー――馬場香織さん

さてフランスではじめて「味覚の授業」を受けたとき、私の仲間や長男とともに馬場香織さんが一緒だった。

馬場さんと知り合ったのは、渋谷にあるバンタンデザイン研究所のフードマエストロ・セミナーでのことだった。私がゲスト講師、彼女は受講生だった。

このセミナーのコーディネートをしたのは、イタリアの「サローネ・デル・グスト」で知り合った柴田香織さんだった。彼女は、スローフード食科学大学を出てジャーナリストとして活動をしながら、バンタンデザイン研究所のマネジメントをしていた。その後、株式会社伊勢丹研究所の勤務を経て現在はフードナビゲーターとしてフリーランスで活躍している。

講義の最終日に、持ち寄りの料理でのパーティが行なわれ、馬場さんも料理を解説付きで紹介を

◆中央が馬場香織さん。青森県三沢市でのワークショップにて

してくれた。その後、馬場さんがはじめてのレシピ本『何度でも作りたくなる　ほめられレシピ』（ＫＡＤＯＫＡＷＡ、レタスクラブＭＯＯＫ、２００８年）を刊行するのに合わせて、自宅でホームパーティを開くということで柴田さんに誘われた。

その日はじめて馬場さんの料理を見て驚いた。素材は見慣れたものだが、彩りと盛り付けが美しい。しかも主婦の料理の延長で工夫されたものだった。

聞けばご主人の仕事で長くアメリカに滞在していて、ご主人の仕事の関係者を招いてホームパーティを開き、そのための料理を手づくりしていたという。予算も限られているから工夫が必要だ。そんな馬場さんに料理学校から講師をしてほしいと依頼が来たという。

その頃、アメリカ議会上院議員だった

ジョージ・マグガバン氏のレポートが出る。アメリカ人の食生活の偏りから、がんや突然死が多い。食生活を改善しないと、いくら医療が発達しても健康にはならないというものだ。そこでバランスのよい日本食が注目された。

だが彼女は労働ビザがない。講師をしてもお金をもらうことはできない。そこで弁護士に相談すると、その料理学校で開かれている他の教室の授業を無料で学び、代わりに馬場さんも無料で教える。講師料は取らないが、他の教室で知らない料理の資格を取るというものだった。こうして主婦でありながら、多彩な料理を学んで帰国をして、自宅で料理教室を始めたのだそうだ。

昨今各地からの要請を受けて農村の女性たちや行政関係者向けに食の開発の場には、彼女を伴って行くことが多い。馬場さんの提案する地域の特産品を使ったレシピは、地元の人たちにもつくりやすいと大好評だ。

生活文化に促して特産品を開発する

各地での特産品開発や、学校給食の栄養士さんの会や、食育の集いで行なっている食のワークショップでは他にもさまざまなことをする。魚、果物、野菜、根菜類、調味料などなんでもよいが、地域の食材を調査をして、その素材文化的背景や、生産の工程、品種、特性、また具体的に食べ方を提案したテキストとしてまとめてもらう。

というのは、扱っている素材がどんなものか、どんな料理ができるのか、実際に体験をして食べてみないことには、わからないし、相手に伝えることができない。販売するものとなれば、そうした情報を地域で共有しておくことは、なおさら重要だろう。

またそこに暮らす人びとの生活実態からその特産品の売り出し方を考えてもらうことも重要だと考えている。例えば蕎麦を売り出したいということで福井県に呼ばれた。福井県はソバの生産量は全国で5位。ちなみにベスト10位は、1位 北海道、2位 茨城県、3位 山形県、4位 長野県、5位 福井県、6位 秋田県、7位 福島県、8位 栃木県、9位 岩手県、10位 新潟県だ（農林水産省、2016年）。

福井での蕎麦文化の歴史は、かなり古い。戦国時代の越前国の大名・朝倉孝景《あさくらたかかげ》が、合戦のときの兵糧食として蕎麦がきや団子を用いたという。その後、江戸期になって麺を大根おろしで食べるというスタイルが生まれたという。

現在、福井県内に300軒近い蕎麦屋がある。実際に現地で私も食べてみた。これが東京で食べるものといささか違う。蕎麦の上にカツオ節とネギと大根おろしが最初から乗っていて、出汁をかける。他の店では、出汁に最初から大根おろしが入っている。材料のダイコンも一般的な青首大根だけでなくネズミ大根、辛味大根と、辛味が強い小ぶりの品種もよく使われている。

福井県内で栽培されているソバはほぼすべてが在来種である。代表品種は「大野在来」「丸岡在来」「今庄在来」「美山南宮地在来」。在来種というのは、その地域で長年栽培されてきて、固有の品種となったものだ。粒が小さく、味や香りが強いのが特徴という。

福井市内の斉藤製粉所・斉藤稔さんを訪ねると石臼でソバを挽いていらした。ソバの風味が飛ばないよう1時間に4〜6キロをゆっくり臼で挽くという。斉藤さんによると、福井のソバは粒が小さく加工しにくく扱いにくいと言われるのだとか。そこで福井産に合わせた石臼になっているという。

ここで話題になったのが、NHKの情報番組「あさイチ」でとりあげられたロシアのソバの実の健康食の食べ方。ロシアでは、ソバの実をサラダやスープとしてダイエット食品としてよく食べられているとのこと。そもそもソバの生産量はロシアが一番だそうで、しかし国内で食べられてしまうので輸出はほとんどないそう。テレビで取り上げられたことで、ソバの実を買いたいという問い合わせがすごく多くあったそうだ。

福井のソバ産地が参考にしたあるテキスト

そのあと福井県東部のソバの一大産地・大野市を訪ねた。農家の松田長太郎さん（60歳）は「大野在来」を20ヘクタールで栽培する。早刈りで10月中旬には収穫するという。福井県農業試験場が開発した茎に残っても刈れるコンバインで収穫した「大野在来」は、甘く青い香りがして少し苦みがある。なによりきれいな色味に目がいく。茹でると黄緑色になるのだ。ポリフェノール、ルチンが多い。

早刈りを始めたのは10年くらい前。昔は、霜が降り、軸が枯れるまで刈るな、と言われたが、あえて早い時期に刈りとることで、豊かな風味と味わいが出るようになったという。

とくにソバの産地として力を入れているという大野市の市役所に行ったところ、ソバに関する資料がとても充実していた。栽培環境から生育管理まで、現場の写真も豊富にカラーの冊子が作成されていた。聞けば、茨城県常陸太田市の「常陸秋そば」を参考にしたという。すっかりうれしくなってしまった。というのは、私は「常陸秋そば」のプロモーションを手伝いしたことがあったからだ。「ソバの資料を探していたら、詳しいものが見つかった。それが常陸太田市でした。そこで、おそるおそる常陸太田市の市役所に連絡をしたら、『いいですよ。差し上げます。一緒に頑張りましょう』と、資料を全部送っていただいたのです」とのことだった。また『『常陸秋そば』のアドバイスをされた方に来ていただき、うれしいです」と市役所の方が話してくれた。

「常陸秋そば」の資料とは、いくつかある。まず、最初に作成をしたのが、蕎麦そのものがなにかという品種から栽培法までを詳細に紹介したテキスト。

蕎麦をブランド化するためには、そもそも、「常陸秋そば」が、どんな品種でどんな味わいなのか、特性、環境、歴史、文化、栽培の方法、量、どこで購入できるのか。地元の打ち方はどんな特徴があるかなど詳細でわかりやすい資料が必要だ。ちなみに、常陸秋そばの郷土での食べ方は、福井県大野市とは、まったく異なる。「つけけんちん」だ。温かい具だくさんの出汁に蕎麦をつけて食べる。

ソバは昆虫が介在をして受粉をする。では、どんな昆虫がいるのか。などなど、それをまとめてもらったものだ。重要な点は、実際にソバの買い手となるバイヤー、蕎麦店から「ほしい」と言われたときに、どんな特徴があるのか、他とどう違うのか、味わいはどんなか、どのくらいの量を、いつの時期に購入できるのか、ということを担当者が明確に伝えられることだ。そうでないと取り引きにつながらない。また、どこが販売窓口か、どの時期に、どれくらいの量を購入できるのかを明確にする必要がある。東京向けに売り出される各地の特産品のパンフレットを見ると、もっとも大切な販売問い合わせ先や販売単位などすら書いてないものが多い。

「常陸秋そば」では、テキストを具体化するために、大学との連携による環境の調査、地元の食べ方・打ち方、歴史、栽培法など、実際に現地に行きまとめあげた。さらに、雑誌と連携し、カメラマンに同行をしてもらい、ロケを敢行して、ビジュアル的にも素晴らしい特集を組んでもらい、そこから冊子もつくりあげた。そのあとで、常陸太田市では作成した資料をもとに、地元の蕎麦店のガイドをつくったのである。

しっかりと作成されたテキストを使って行なうイベントも、やはり具体的にターゲットを絞って実施する必要がある。「常陸秋そば」のプロモーションでは、3つのイベントを開いた。

1つは、ミシュランガイドにも掲載された東京・両国の蕎麦店「ほそ川」で、マスコミ向けに実施したもの。2つ目は、代官山のイタリア食材を扱うセレクトショップ兼レストラン「イータリー」(現在は閉店)でイタリアンのシェフと、常陸太田市の伝統的な蕎麦打ちのおばあちゃんとのコラボレーションイベントだ。イタリアでもソバが栽培されて、イタリアンの料理に使われる。つまり、お互いの文化交流を蕎麦を通して行うもの。これは一般の人対象。3つ目は、現地のソバ農家へ行き、蕎麦を味わうもの。これは蕎麦通向けのもの。

こうして、マスコミに物語を伝え掲載してもらうところまで段取りし、取り上げてもらった記事は、では広告費に換算すると対費用効果はいくらになるのかまでを、役場の職員で調べあげたのだ。

こういった活動は、これまで、広告代理店に丸投げ、なんてことがほとんどだった。それを常陸太田市の「常陸秋そば」では、地域側が自らの力で、どう発信できるかを試みたのである。

詳細なテキストを作成したのは、異動になっても、アドバイスをした私がいなくても、誰でも、地域の産物を語れるようにするためだったからだ。また、広告代理店を安易に使わず、地域側が発信能力を発揮するノウハウを身に着けることが目的だった。

今では地方でもデザイナーや冊子をつくれる若者がいるし、ウェブサイトの作成・運営ができる人も多い。そういう人たちと自治体が連携して、地元にノウハウを形成して、地域にお金が落ちるようにしてほしいと話をした。

理想的な自治体各部署の連携

大野市での取り組みで感心したのが、大野市の部署が、商工観光振興課、農業林業振興課、企画財政課・結の故郷推進室が連携して取り組んでいるということだ。明確に横断組織で、観光と農業とをトータルで打ち出す方針になっている。理想的な活動のあり方といえるだろう。

大野市に行って、農家とJAのソバの集荷・乾燥施設でわかったのは、ソバ栽培が大々的に広がったのは、国の減反政策からだったこと。

2年3作体系。米、大麦、ソバという作付けだ。水田のあとにソバを植えると水に弱いソバは、栽培がうまくいかない。そのため大麦を植えた後にソバという独自の作付けになっている。

ソバの10アール当たり収穫量は約45キロ。価格は45キロ1万2500円。ソバ単体では、ほとんど収入にならない。そこで、米、大麦を連携させて、これに減反補助金が10アール当たり3万2500円入っている。

大野市だけで約２００軒の農家の計６５７ヘクタールの農地で生産される。減反対策で始まったソバの大規模栽培だが、もう30年もたってすっかり蕎麦文化が定着しているという。組合の方が「30年間の食文化ができている。転作の方針が変わるのが怖い。ソバは農薬ゼロ。環境もいい。ずっと続けていきたい」と言われたのがとても印象的だった。

私が福井でアドバイスしたこと

福井県では、蕎麦を大々的に売り出したいとのことだった。東京のアンテナショップで、イベントで蕎麦道場を開いているというのだが、集客に苦労をしているとのこと。そこで提案をしたのが３つのこと。

１つは、地元では、テキストを作成して、ソバの品種、環境、栽培状況、製粉まで具体的にし、マスコミ、議員、商工会の人たちを呼び、背景から理解をしてもらい、地元に浸透させること。

大野市は城下町。観光と蕎麦ブランド、食と地域の宿泊と景観が連携する展開につながってほしい。できれば、商店街では通年で交通を遮断して歩ける街にしてほしいと願っている、とも話した。

◆福井そばに使われる在来種のソバ（大野在来）。殻のついた玄そばの状態（写真提供：福井県）

東京で売る場合、次の2つの方法があるのではないか。

1つは、女性向けに料理家を入れてワークショップを開き、そこに栄養士も入れて、レシピをつけて、健康・美しさ・ダイエットとしてのソバの実で、プロモーションをすること。

もう1つは、外国人向けに、伝統食として英語版のテキストを作成し、東京に来ている外国人・マスコミにプロモーションをする、という提案だった。

味覚のワークショップは認知症にも有効!?

ベストセラー『脳が冴える15の習慣　記憶・集中・思考力を高める』(築山節［著］、NHK出版、生活人新書、2006年)を読んでいたら、長年実施してきた食のワークショップと脳の活性に共通点を見つけて、胸が躍った。

本のなかで、脳の機能をよくするために大切なこととして次の3つが挙げられている。
①運動や規則正しい生活リズムをして体調がよいということ
②生活習慣病になると脳の機能も低下する。太らないことが大切
③脳は情報を視覚、聴覚、嗅覚、味覚、触覚の五感を使って捉える
①と②は、とりわけ普段の健康的な体づくりを意味する。我が国の医療費は年々増加し、今では41兆3000億円にも膨らみ国家問題にもなっている。そのなかに、生活習慣病の増加が課題になっているが、そのことは脳の働きにも大いに関わり、いい仕事や生活をするにも大切で、かつ高齢者の認知症対策にもつながるのだ。

よく「朝ごはん」を食べよう、と言われるが、これにはきちんとした理由がある。脳は寝ている間も働いていて、エネルギーとして、食べ物を分解したブドウ糖を使っている。それが朝になると空っぽになる。その補給として、朝ごはんを食べないと脳が働かない。だから学校教育の場でも「朝ごはん」を食べようとキャンペーンで呼びかけているのだが、それが「なぜ」と具体的に言ってあげることが大切だと、改めて気付かされた。

中高年では生活習慣病、とくに肥満、高血圧、糖尿病予防への意識は高まっている。

本では「高血圧は脳の働きを低下させる」「高脂血症（血液のなかのコレステロールや中性脂肪が増えること）になると、血管内の脂肪が蓄積してしまい、血液の流れにくいところができて、高血圧を引き起こします。脳は酸素とブドウ糖を唯一のエネルギー源としていますが、高血圧になると、それを血液から十分に取れなくなり、思考が長く続けられなくなったり、感情を抑制できなくなったりする」とある。

そして③では、脳にとって情報とは、言葉やデータで表されるものだけでない。五感で味わうことが、脳の働きを活発化させていると読み取った。食と健康の密接なつながりは、高齢化社会における町づくりとしても観光資源開発のキーテーマとしてももってこいではないだろうか。

日本が人口減となり高齢者比率が増えている。２０１６年現在で27・３％である。主要国で最高となった高齢者人口（65歳以上）は過去最高の３４６１万人（前年３３８８万人）、認知症高齢者の数は２０１２年の時点で全国に約４６２万人。約10年で1・5倍にも増える見通し、２０２５年には７００万人を超えると推計されている。（厚生労働省）。

長寿トップになった長野県のデータをみると、長寿の条件は①高齢者の就業率が高く、生きがいを持って生活をしている、②野菜接摂取量が多い、③健康ボランティアによる自主的な健康づくりの取り組みが活発、④専門職による地域の保健医療活動が活発、が挙げられている。

つまり、高齢者になっても身体全体を使って、できるだけ働くことができる場、生きがいとなる場が必要なことがわかる。それは「五感」を働かせることにもつながっている。

学生たちの関心の的は継続的社会を築くデザイン

さて大学での講義もかれこれ10年目を迎えるが、受講生の流れに数年前とは異なる変化が出てきている。講義の受け止め方が俯瞰的になっているのだ。

私はこの授業に、胸の内でサブテーマを持っている。学生たちが豊かな未来への夢をつなぐこと。卒業後に、彼らの発想や行動が生きることである。講義では必ず現場の写真を見せる。実際に行なわれていることを提示することで身近に感じてもらうことができ、実際に現地を訪れたり、インターンシップに行くなど、自分たちも参加できるという意識やアクションにつなげてもらいたいとの願いから。

また若い人たちの働く場をつくっているところ、意欲的アイデアが取り入れられているところ、元気で活力があるところ、持続的な社会を目指しているというところを意識して選んで取り上げている。将来、学生たちが自分の個性やアイデアを社会に活かしたいと考えて、学生生活を過ごしてほしいからだ。

学生の受け止め方が変わった最大の理由は、ここ10年で世の中が激変をしたことにあるだろう。iPhone《アイフォーン》、iPad《アイパッド》の普及で、講義中に検索ができるようになり、レポートは具体的な感想や深まった理解がうかがえる内容になっている。また海外留学生も増え、その経験を踏まえてレポートをまとめてくる学生も多くなった。世代交代は確実に始まっている。

なにより大きなことは、2011年3月11日の東日本大震災の経験だろう。環境問題がより身近になり、学生たちの将来を左右するような最大の関心事になった。また人口の減少、とくに高齢者が増えて若い世代が減少していることをリアリティを持って受け止め、町づくりや、食、農業、環境づくりをどうしていくかということに、学生たちも大きな関心を寄せているのだ。

グローバル社会になっている一方、身近なところでは、商店街にシャッター通りが多いこと、空き家が増えていること、かつての温泉観光地の客が激減していること、農業・漁業者の高齢者が多く収入が激減していること、山林資源が活かされず鳥獣害も増えていることといった現状を今の世代の学生たちは、よく理解し、体感している者も少なくない。

かつての高度成長期からバブルにかけて行なわれてきた政策は、これからの時代にはほとんど当てはまらない。自治体の政策には、彼らの世代やその先の将来を見据え、寄り添ったビジョンが求められている。

例えば学生たちの関心の高さがうかがえたのは、高知県馬路村《うまじむら》の話題。人口1000名弱の山村だが、農協がつくった柚子加工品のぽん酢やゆずドリンクなどが年間30億円も売れているのはあまりに有名だ。かつてなら、加工品をどうやって売って儲けているのか、ということに関心が寄せられただろう。実際、馬路村の紹介のされ方や視察者の関心をみても、加工で付加価値を高めるという点が大きく取り上げられる。

ところが学生たちの関心は、もっと深いところに視点が当たっている。馬路村が、村から出て、消費者と直接対話をして、そこから市場が求める商品を生み出したこと。顧客の名簿を集めて48万人のデータ管理を自ら行ない、村にオペレーションセンターを置き、そこから新たなユーザー向けに商品を送り出していること。同時に雇用も増やしたこと。

また儲かったお金を、放置されてきた林業に投資して木造住宅を建築をすることで、木材資源を活かし地元の大工・工務店に仕事を与えたこと。地域に儲けを還元し同時に技術を残すことにつながっていること。植林をして村らしさを演出することで都会の人を惹きつけ、結果、観光地でもないこの山間の小さな村に、年間16万人も呼び寄せていることなど、将来的に村が持続する具体的な施策に興味が集まるのだ。

かつての町づくり、観光、商店街、農業などという捉え方では、なかなか方向性を見い出しにくい時代になっている。いかに環境や文化までを調和させ、地域全体で持続的な仕組み、トータルなデザインを生みだすかは若い人にとって魅力的な田舎づくりには欠かせない視点だと感じている。

第3章 山間地の小さな村を外国人観光客につなげる方法

インバウンドで注目される人口7534人の町――山形県飯豊町

日本で生まれた独自の農山村観光にもおもしろいところがある。その一つが、山形県西置賜郡飯《にしおきたまぐんいい》豊町《でまち》だ。農家民泊が交流の拠点となり、新たな観光と農業振興策として注目を浴びている。最近では台湾からの観光客が増え、中山間地の農村の外国人観光客誘致（インバウンド）の成功モデルとして、多くの人たちが研修に訪れている。

飯豊町の人口は7534人。面積329・60平米で、標高200〜1000メートルの間にあり、町全体のうちの84％が森林だ。山形県の南西部、新幹線も止まる米沢駅から車で30分くらいのところに位置する。

基幹産業は農業と畜産業。米、山菜、アスパラガスや、米沢牛、それから川魚のヤマメもとれる。米沢牛は年間2500頭の出荷のうち4割が飯豊町からのものだ。酪農も行なわれている。

農家民泊の中心となる中津川地区は、人口が322人（124世帯）。高齢化比率は55・4％。

冬場は積雪が3メートルを超える豪雪地帯でもある。この集落で8軒が宿泊客を受け入れている。周辺に山々が連なり、四季の風景が美しい。山村風景は景観と調和をしている。それらが観光資源として町外の人々を惹きつけている。1～3月は、ゆっくりと景色を見ながら雪原をすべり抜けるスノーモービル体験、6月下旬～7月中旬には50万本ものユリに観光客が集まる。

また山間地の山林を利用してのペレットストーブの奨励と推進、畜産の糞尿からの堆肥づくり、豪雪の雪を利用した雪室によるコメや作物の貯蔵、森の天然のカエデからのメープルシロップの採取など、地域資源の有効活用なども実施されている。

農家民泊が生まれたことで、一般客の他にも修学旅行の体験学習、企業の研修目的などでも人が訪れるようになった。

この町の観光産業を牽引するのが、飯豊町観光協会の若い3人だ。二瓶裕基《にへいひろき》さん、竹田直人さん、高橋達哉さん。みな飯豊町出身。さまざまな仕事と経験を経て観光協会のスタッフを専任している。

この観光協会の取り組みが実に独創性に富んでいる。事務所は町役場から徒歩10分のところにあるJR羽前椿《うぜんつばき》駅内にあり、駅舎の運営も委託されている。パソコンや映像機器を駅舎内に取り入れ、インターネットを駆使して、自ら企画営業をした取り組みや、地域発の番組を製作するなどして情報発信を行なっている。観光案内所といえば、パンフレットを置いたり、道案内したりというのが主流だったが、パソコンの発展で自主的な情報発信ができることに感心した。

「私たちは、4つの柱を掲げて実践しています。

①インバウンド　外国人観光客の誘致

◆台湾でのプロモーションを語る観光協会・二瓶裕基さん

②PR事業　インターネットを使った番組の制作

③ITソリューション　SNS（ソーシャル・ネットワーキング・サービス）を駆使した観光案内

④地域人づくり事業　地域の人がやりたいことをお手伝いしたい。地域づくりで人が育てば、若者に仕事ができる」と事務局の二瓶さん。

ユニークな企画の一つが、商店街の閉館になっていた映画館を使っての映画上映会。昔であれば、映画はフィルムを使って上映するしかなかったが、今では映画配給会社からDVDでレンタルできる。二瓶さんたちは上映機器も使える。そこで、地域の高齢者たちのリクエストを募り、そこから往年の日活、松竹、東宝、東映はじめ映画全盛期の作品を上映したのだ。地元に賑わいが生まれ、住民同士のコミュニケーションをもたらした。

飯豊町は半年近く雪に埋もれる。そこで、これを観光に活かせないかと3人の共通の趣味であるスノーモービルの体験ツアー募集を始めた。彼らはスノーモービルのインストラクターの免許を持ち、解体・整備もこなす。２００４年、はじめて募集をしてみたものの、ツアー参加者は５～６名だった。

その後は多くても10数名くらいだったスノーモービル体験だったが、２００８年近隣の高畠町《たかはた》（山形県東置賜郡）にある「よねおりかんこうセンター」のマネジャーから、「スノーモービルと雪遊びをしたいお客さんがいる。バス10台で３００名ほどだが手配できるか」と話があった。よくよく尋ねると、台湾からの観光客だという。

台湾のインバウンドは、最初から想定したものではなく言葉もわからなかったが、とにかくやってみようと迎え入れを行なった。そのとき、彼らを見送るときに台湾の国旗を振り、バスに並走をしてスノーモービルを走らせた。このことがきっかけで、台湾で飯豊町が話題になり、そこから翌年は２０００名を超える台湾からの観光客が訪れたのだそう。

なぜ飯豊町は台湾からの観光客誘致に成功したのか

台湾のテレビでは、飯豊町での宿泊体験レポートが放送されたり、雑誌では飯豊町のグリーンツーリズムが特集されるなどして、広く知られている。２０１４年までの5年間で７０００名が台湾から訪れた。

◆飯豊町の農村ツアーを紹介した台湾の雑誌記事

「2009年から年2回、春と秋に台湾へ行ってプロモーションをしています。『台北國際旅展』という大規模な旅行の展示会があり、日本観光振興協会、東北観光推進機構のブースの一画をお借りしました。そこを契機にエージェントにお会いして、夕食会や昼食会にお誘いし、顔を覚えてもらい、商談につなげることをしていました。プレゼンテーションのためのパンフレットや資料を用意して、旅行会社の仕入れ担当に説明をしています」（二瓶さん）

飯豊町観光協会が民泊を実施する農家と連携を始めたのは、スノーモービルに加えて、新たな旅行の魅力を広げるためだった。農家の宿泊体験は、台湾の観光客にも大好評で迎えられることとなった。

台湾からのツアーは、5泊6日で山形や宮城など東北を巡るもので、そのうちの1

泊に飯豊町が組み込まれている。ツアーの名称は「來去郷下住一晩」。台湾の言葉で「田舎に泊まろう」という意味。「体験日本山形農家的温馨感動」と紹介され、山形の農家で家庭的な温かさにふれる体験をしようと呼びかけている。

初代農家民宿組合長で「いろり」を運営する伊藤信子さんいわく、台湾の観光客からとても喜ばれているという。

「台湾の人は、『ありがとう』『おいしい』くらいは言葉を覚えてきてくださる。そうすれば、言葉は通じなくても、ああ、この料理でよかったんだな、とわかる。それと漢字の筆談で、なんとか会話ができます。

台湾の人は、ハグをしてくれる。喜んでもらえているのがわかる。特別なことをしなくても、普通のことをきちんとすればいいということを学びました。

農家民泊で必要なのは、Ｗｉ－Ｆｉですかね」

Ｗｉ－Ｆｉを設置し、宿泊客がインターネットを自由に利用できるようにするという伊藤さんの指摘は的を射ている。客側にとっては、地域の地図、場所の把握に欠かせないし、店側にとってもインターネットの翻訳機能が使えれば便利だ。

◆「いろり」で提供された夕食の料理

食事は、地域で獲れた山菜の和え物をはじめ、ヤマメや

◆「いろり」の伊藤信子さん

シイタケの天ぷら、アケビ料理、ヤマブドウの寒天など地元産物をじょうずに使い、銘銘膳で提供する。囲炉裏の部屋でもてなすというのも観光客にはうれしい。

伊藤さんたちの生活する母屋の前を川が流れる。そのほとりにかつての縫製工房を改装して料理厨房兼宿泊施設をつくった。以前は母屋を宿泊室にしていたが、住まいのある母屋の前にあった縫製工房を思い切って改装して料理と宿泊を専用でできるようにした。

伊藤さんが料理好きなこともあって、食事を味わった人の評価は極めて高い。伊藤さんは、独立した厨房を設置していることから、昼間の料理だけでも出すことができ、観光ツアーでは昼食のみの利用もできると重宝されている。周辺の環境も情緒豊かなことも評判のよさにつながる。

きっかけは「限界集落」を豊かにしたいという町民の思い

伊藤信子さんは、１９３９年生まれ。飯豊町中津川地区の出身だ。かつてご主人が役場に勤め、傍ら農業を営んでいた。また縫製工房を運営していた時期もある。しかし大手メーカーから委託を受ける形でやっていたので、やがて賃金の安い海外に縫製の仕事が流れていき、地域での仕事はなくなっていった。そんななかで農家宿泊と料理の提供は、新たな仕事と生きがいとなった。

現在、役場に勤める息子さんご夫婦と同居している。奥さんは農協で働く。

宿泊は1泊2日2食付きで６８００円、年間１３０名ほどの宿泊客がある。昼食は１０００～１５００円で予約制。多い時は月１００名を超え、少ない時でも月に20～30名が利用する。自家用の畑は10アールほどの広さで、ジャガイモ、ネギ、ハクサイ、ナス、トマトなどを栽培し、これらは料理にも活かされる。

「いろいろなお客さんが来てくれる。話し好きが多い。泊まってもらって会話ができるのも楽しい。お客さんは真剣に話してくれる。年寄りが元気になれる。

農家民泊は、人に会うことが好きな人にとっては生きがいになると思う。張り合いもあるし歳も忘れる。歳をとっても人に当てにされるとうれしい。年寄りが頑張らないと、この町はどうにもならない。やることはいっぱい。料理とか研修もある。草むしりもある。いつまでも挑戦」。伊藤さんの言葉にこちらが励まされる。

伊藤さんたちが農家民泊の準備を始めたのは２００７年。山形県がグリーンツーリズムを推し進

◆「いろり」で開かれた伊藤信子さん（左）を囲んでの談話会

めていた。伊藤さんは、当時、農家民宿の寄り合いで会長となった。

そもそも山間地にある飯豊町は、旅に来た人たちが、帰ることができないため泊まることが多かったのだという。また農家民泊が始まる前までは、埼玉県の川口市や桶川市と連携して、山村留学の子どもたちを迎え入れたりもしていた。

「川口市の子どもたちは、中津川の応援団となって、今でもイベントに来てくれる」と伊藤さん。

飯豊町中津川地区の農家民泊が本格的にスタートしたのは2007年。始まりは7軒からだった。人口減となり、小学校の廃校が取り沙汰された。「限界集落」という言葉が広がっていた。伊藤さんたちを奮起させたのは、地域を残したいという思いだった。

農家民泊の始め方

「2004年、埼玉県桶川市の小学4年生を1年間受け入れたのが始まり。当時、私が64歳、夫が74歳でした。地元で山村留学を担当する若い人が熱心だった。PTA、学校関係者、地域の人も入って実行委員会が設立された。月4万円をいただいて子どもを宿泊させるというもの。まず3泊4日で、キャンプや川遊びを体験し、山村生活の見学をしてもらった。1年間の留学受け入れは、その後に始まりました。親がしっかりしていて、子どもも望んで来た」

この地区の農家民泊事業がスタートしたときからのメンバーである五十嵐あいさんが語ってくれた。自宅を改装して、夫の栄彦さんとともに「水車と蛍の宿　いからし本家」を営んでいる。

山村留学は、中津川小学校が閉校となり飯豊中学校・手ノ子小学校に統合される前の2011年まで実施された。

「学校が閉校になる前に、何か地域の活性化になるものがないかということで、仲間と話し合った。そこで民宿があるといい、という話が上がった。当時は、規制緩和がなくて、消防法や、保健所のこともあってなかなか進みませんでした。規制緩和が必要となり、許可を取るために家の図面を書いて、公民館に集まった。町の農業振興課、県の農業改良普及課の職員にも来てもらい指導を受けました。設備の必要なものは共同で購入しました」と、五十嵐あいさん。

そして県が規制緩和を進め、宿泊も可能になった。

自宅を宿泊施設として使うためには、宿泊者用の布団の設置、手洗い場の設置、アコーディオンカーテンを壁に変更、冷蔵庫に温度計の設置、食器洗い洗浄器の設置、2層シンクの設置、システムキッチンの設置、障子の張り替え、消火器・火災報知器の設置などの改修が奨励された。改装費用は10万円くらいだったという。

「最初は、仙台・高森中学校からの受け入れだった。観光協会が力を入れてくれて、40数名が来てくれた。宿泊施設が足りないときは、他の民家にホームステイを受け入れてもらった。

中学校の受け入れは6校になったが、震災で2校減り、今は3校。残り2校は千葉県八千代市、船橋市からです。

どの民泊も1日に泊まるのは5名。年間で80～100名。多いところは150名くらい受け入れている民泊もある。2015年6月は多忙だった。1週間、台湾からお客さんが来ていた。置賜地域全体では延べ600名くらいが泊まったのではないでしょうか」（五十嵐あいさん）

今では山形県や飯豊町の後押しもあって、農村観光として農家民泊が始まった。地区の仲間も増え、全国でも知られるところとなった。

飯豊町の農家民泊システム

飯豊町の農家民泊の名称は、町のホームページで紹介されている。雰囲気がわかる名称のつけ方がおもしろい。

「あったか昔語りの宿　いろり」

「水車と蛍の宿　いからし本家」

「野菜づくしの宿　いからし 新家」

「古民家熊の宿　中村」

「雪見桜と大蔵山麓の宿　庄太郎」

「ヤマメと山菜の宿　あえる村」

「本格田舎暮らしの宿　長作」

「山野草といやしの宿　ごえもん」

料金はすべての宿で同じで、1泊2食で6800円。そのうち、朝食が1000円、夕食が2000円という設定だ。宿泊と併せて田舎料理体験教室、スノーモービル体験、かごづくり、かんじき（雪上を歩くために着用する履き物）体験などを、組み込む。町内にはツーリング用の自転車10台が用意されている。設立当初2年間は町の補助金で支援が行なわれた。PRは、観光協会が行なっている。

学校の教育旅行、企業研修なども受け入れている。PRは観光協会、受け入れの窓口は観光協会と町で客を各民宿に振り分けている。

「野菜づくしの宿　いからし 新家」の五十嵐《いからし》文雄さんと京子さん夫妻が、農家宿泊を始めたのは、地区の仲間に後押しされたから。長男夫婦と孫との6人家族。稲作1・1ヘクタール、畑が30アールで農業を営む。

「中学生の受け入れでの体験は、田植え、稲刈りなど。首都圏からのお客さんは6～7月が集中しますね。キノコの菌打ちなどをします。

台湾の方とは、花笠づくりを一緒にします。中国語はできませんが、年配の方は筆談、若い人は翻訳機で言葉は伝わる。畑を見て散策をして写真を撮るというのもとても人気があります。料理は旬の野菜を使った天ぷらや和え物、米沢牛、ヤマメの塩焼きを出したりします」と五十嵐京子さん。

「古民家熊の宿　中村」の中村輝一さんと春美さん夫妻は、２００９年に農家民泊を始めた。輝一さんが狩猟で熊を撃つことから「マタギの宿」と呼ばれている。家の壁には熊の毛皮が飾られている。

輝一さんは、10年前まで米沢市で自転車の整備の仕事をしていた。しかし地元では仕事がない。地域の人に誘われて農家民泊を始めたという。春美さんは、町にある公益財団法人山形県みどり推進機構で働いている。兼業農家で1ヘクタールの畑と田んぼがある。

「うちは男の子が泊まることが多い。お父さんが熊撃ちの体験談を話す。いただく手紙もマタギの話の感想が多いですね。

民宿をやろうとなったときは、正直、不安もあった。結果的によかった。

私たちが、他の農家に泊まりに行く研修旅行もしているんです。今年（２０１５年）9月に、久しぶりに出かけました。福島県鮫川村です。泊まって気付くことが多かった。垣根がなくオープンで、すぐに皆さんと打ち解けた。研修は、お客さん目線で見ることができるのがいい、器にしても、料理も心遣いが感じられてよかった。見る物がすべて新鮮でした」（春美さん）

他の地区での研修事業は、町が支援して行なっている。他にも外部講師を招いた料理講習会、事業内容の研修などが開かれ、民宿の経営者たちのスキルを上げるための努力を欠かさない。近年はタブレットを活用するためにＩＴ講習会も行なっている。組合員の連絡手段にＬＩＮＥを使えるようになり、効率的になったという。

「雪見桜と大蔵山麓の宿　庄太郎」を経営するのは、伊藤和憲さんとふみさん夫妻。和憲さんはバイオマス施設で働き、ふみさんは公民館で働く。その傍らで農業と民泊をしている。農業は８０アールで稲作をしている。築１５０年の家のうちの２つの部屋を宿泊施設にしている。祖母と長男、次女との５人暮らし。

「体験はお客さんが望めば畑からの収穫体験。山菜を取りにいったりします。散歩をして他の民宿の人たちと話すのも体験。

中学生の旅行は5月が多い。中学生には必ず農村生活の体験をしてもらいます。裏山の山菜採り、キノコの菌植え、田植え、苗箱の洗浄など。春は、裏山で採った山菜を一緒に料理したりもします。子どもたちにも喜んでもらえる。なかには、帰りたくないと泣き出す子もいるくらいです。

11月末から雪が降る。ピークは1月中旬から2月中旬。3メートルは積もる。その頃は、スノーモービル体験をします。台湾からのお客さんは花笠づくり。おばあちゃんにとっては一緒につくることが生きがいになっています。

家で出す料理の材料は、すべて我が家で獲れたものが中心。ナス、キュウリ、シシトウ、ピーマン、ダイコン、ハクサイ、ジャガイモ、サツマイモ、ネギ、ウリ、シソ、ツルムラサキなど。山菜は乾燥して塩蔵して使います。

前々から子どもが大きくなったら店をしようと思っていた。まさか自分の家でできるとは思っていなかった。少しずつ理想に近づいている。わざわざ遠くから来てくださる。雑誌を見て電話をかけてくる人もいてうれしい。2度目という方もいます」（伊藤ふみさん）

「ヤマメと山菜の宿　あえる村」の宮秀夫さんとかよ子さん夫妻は、1・5ヘクタールの田んぼで稲作を、それにヤマメの養殖をしている。かよ子さんが、温泉施設「白川荘」で料理を担当していたことから、その経験を活かして農家宿泊を始めた。

「民宿をしてよかったのは、いろんな客さんと話ができる。来てよかったと言ってもらえるのがうれしい。多くの情報が入る。泊まった人たちの、各地のことが聞ける。

台湾の人たちとは言葉は通じないけど、お年寄りだと日本の言葉が通じる。漢字も通じる。あとＷｉ－Ｆｉがあるのでお互いスマートフォンの翻訳機能が使える。

台湾の人には天ぷらとお米が喜ばれる。個人でお見えになる方は、釣り、山登り、山菜採り、紅葉見学、ホタル鑑賞などをされますね。お客さんは年々増えていますす」（宮かよ子さん）

農村観光に1450万人を呼び込むために

農業・漁業を含む宿数は、2010年農林業センサス（概数値）農林業経営体調査によれば、全国で3196軒。このうち農家民宿の数は2006軒。

国が農家宿泊の規制緩和を始めたのは2003年。この年108軒が登録された。そこから年々増えて、最新の統計（2012年）では534軒が申請している。

早くからの取り組みで地域に活力をもたらしていることで知られるのが、長崎県松浦市、大分県宇佐市、長野県飯田市など。飯田市は、年間の修学旅行受け入れだけでも180校余り。宿泊体験できる農家は450軒もある。

国は、現在インバウンド（外国人観光客の誘致）政策にも積極的で、実際、海外からの日本への観光客は急増している。

しかし、そのほとんどは東京、大阪、京都という都市部にとどまっている。地方にはあまり流れていない。まだほんの一部だ。おまけに都市部では宿泊施設が不足気味になっている。

そこでイタリアのように中山間地や農村に観光客が行くような流れをつくりたいと国でも積極的に推進している。

そんななかで、すでに海外からの客を受け入れる農家民泊、農業体験、ゲストハウスなどを専門的に紹介するウェブサイトが若い人が興したベンチャー企業などから生まれている。今や申込みはインターネット経由で行なうのは一般的だ。旅行の目的も、自分の感性に合ったプランで仲間や家族でゆったりと楽しみたいという声が多い。

海外のインバウンド事例を見ると、農村で宿泊をするB＆Bや一棟貸しは、すでに広く普及をしている。とくに有名なイタリア、フランス、イギリス、ドイツなどでは、農家の宿泊は各国2万軒近くあり、景観、特産品、ツーリズム、長期滞在を活かした農業との複合体系で、山村でも十分な経済をもたらしている。今後は国内でももっと注目されるだろう。

第4章 ゲストハウスには若い人がどんどん集まる

急増する空き家をリノベーションしたゲストハウス

1993年、筆者の呼びかけから編集者、ライター、カメラマンなど、クリエイターの親睦会として「ライターズネットワーク」が発足した。以来、継続してセミナーを開催するなどして交流を深めている。

2015年10月に開いたセミナーの講師を依頼したのは、株式会社百戦錬磨の上山康博代表取締役社長だ。ちなみに会場は、当時筆者がパーソナリティを務めていたラジオ番組を製作するジャパンFMネットワークに協力を頼んだ。筆者が出演していたのは、「サードプレイス・美味しい食の物語」という番組で、全国32局をネットワークし、毎週金曜日に放送されていた。食を中心とした地域連携の活動を紹介する番組で、2015年4月から2017年9月まで2年半続いた。

百戦錬磨は、元楽天トラベルの新規事業担当執行役員だった上山さんが立ち上げたベンチャー企業で、全国の合法の農林漁業体験民宿や都市型民泊など既存のホテルや旅館などとは異なる新たな宿泊体験ができる施設を掲載するウェブサイト「ＳＴＡＹ ＪＡＰＡＮ」を立ち上げたという。
教えてくれたのは、高知県職員の方。早くから高知の山間地で農家民泊の調査や支援を行ない、今後の中山間地の観光ツーリズムの新たな動きをつくりたいと奮闘している。

上山さんを招いた勉強会には、なんと山形、秋田の東北から、長崎・五島列島まで、全国の自治体職員、農家、観光関係者、出版社などが集まる盛況ぶり。定員いっぱいになった。いかに関心が高いかわかる。

上山さんは、２０１２年に宮城県仙台市で百戦錬磨を起業した。もともと地域の祭りなどイベント時に宿泊の需要が高まることに着目。その受け皿として民泊の活用の重要性を感じていた。そんなときに東日本大震災が発生。多くの人が救援や災害ボランティアとして被災地に訪れ、他方、避難した人にも宿泊施設が必要とされた。そこで空き家をうまく活かし、ゲストハウスや農家宿泊を利用すれば、一般の民家が使えると考えた。高度成長期から経済成長時に発展した旅行代理店を使った観光地のツアーパッケージとはまったく異なる。あるいは空き家を斡旋するのは不動産屋という既成概念をも覆す発想だ。

もっとも日本国内の農家民泊やゲストハウスは、数の上からはまだ少なすぎる。国も地域も政策として進めているところが少ないからだ。またゲストハウスのように、食事を出さないで地域の外食店で食べてもらうというスタイルも、まだ日本の旅行形態としては少数派である。

ところが、すでに日本の一般民家のレンタルサイトがアメリカで生まれている。Ａｉｒｂｎｂ《エアービーアンドビー》というもので、日本語版サービスもある。日本の民家やマンションの登録もあり、海外からの多くの客が利用しているという。

つまりゲストハウスや農家の宿泊B&B、一棟貸しが当たり前の外国人観光客のなかには、なんの抵抗もないし、大いに需要がある。実際に、アメリカで生まれた会社のサービスを通して、ホテルや旅館ではなく、一般の住宅や農家に外国人観光客が来ているというわけだ。

もちろん宿泊施設として正式な申請をしていないことでトラブルになるということもある。そのため違法民泊の取り締まりや規制、法制化が今、行なわれている。逆にいうと、グローバル社会のなかで、海外ではスタンダードである民家を使った宿泊観光に、日本は遅れを取っているということだ。

その状況で、百戦錬磨は今後の新たな観光の形をつくろうとしているのである。

全国で急増！　ゲストハウスが若者に人気

近年、空き家対策、インバウンド、新たな地域づくり、若者定住、地域の普通の町並みや自然景観を旅する観光など多面的な視点から脚光を浴びているのがゲストハウスだ。

ゲストハウスの数は急増し、若い人たちの利用が増えている。すでに８００軒以上が各地で生まれて広がっているともいわれている。簡易宿所許可を取って、宿泊施設にカフェやバーなどを設けて地域の人も使えるようにしたり、宿泊客同士が交流できるサロンや図書室、アートスペースがあったりと、それぞれに個性を出して営業する。

民家を改装したもの、旅館を使ったもの、倉庫を宿泊できるようにしたものなど形態はさまざま。

ビジネスホテルをゲストハウスのように変えたものもあり、これまでの地方の観光地のホテルや旅館、民宿などと一線を画している。とくに多いのは外国人が数多く訪れる京都。町家を丸ごと一棟貸しするものや、旧商家や古い染織店を改装したものまで多彩である。最近では、リノベーションを専門に手掛ける工務店や設計事務所なども生まれ始めている。

宿泊客の大半はインターネットで直接申し込む。アイルランド発宿泊施設予約サイト「ホステルワールド」、オランダ発「ブッキングドットコム」、日本発「ＳＴＡＹ ＪＡＰＡＮ」などを通しても行なえることから、海外からの利用客も多い。また宿泊した客は、フェイスブックやインスタグラム、ＬＩＮＥ、ツイッターをはじめとするＳＮＳで情報を発信し、口コミで広がる。

国内からの観光客はもちろん、外国人観光客だけで7～8割以上を集めるところもある。ゲストハウス内では食事を出さずに、地域の飲食店と連携するなど、地域の人とのつながりを生み出したり、地域の魅力を発信する拠点と、観光地ではないような地域にも、人が訪れるようになったり、カフェやバーを設置したことから、近所の人が訪れるサロンになったりと、地域の新たな活力を生むことで期待を集めている。

経営者は、バックパッカーとして海外旅行の経験が豊富な若い人たちも少なくない。海外では、気軽に泊まれるゲストハウスや長期滞在できるものが多くある。値段がリーズナブルであれば、地域への滞在も長くなる仕組みだ。

第1章でも紹介したが、イギリスにはＢ＆Ｂという、軽い朝食付きの部屋に泊まり、そこから自由に周遊するスタイルが定着している。２万軒近くもある。フランスには、ジットと呼ばれる一棟貸しの宿泊施設が４万軒以上あり、長期滞在できるようになっている。

注目のゲストハウス紹介サイト――ＦｏｏｔＰｒｉｎｔｓ

ゲストハウスを専門的に紹介するウェブサイトに「ＦｏｏｔＰｒｉｎｔｓ《フットプリンツ》」がある。厳選した３００軒以上の情報を写真を織り交ぜて紹介している。このサービスの特徴は、編集長を務める前田有佳利さんが、実際に宿泊したゲストハウスを中心に、利用者目線でピックアップして掲載しているところである。各地に実際に行って、足跡（footprint）をつけていこう、という意味から名前を付けたという。

おもしろいのは、漠然とゲストハウスを経営してみたいと考えていた人たちにＳＮＳを通して口コミが広がり、「ＦｏｏｔＰｒｉｎｔｓ」を参考に実際にゲストハウスを訪れて、具体的なノウハウを取り入れ、新たなゲストハウスが生まれたりもしているということだ。

またゲストハウスが主催して前田さんを招き、各地のさまざまな事例を紹介してもらう。そこから実際のノウハウを共有したり、ゲストハウス間の連携や、集まった人たちからネットワークが広がっていったりもしているそうだ。

２０１６年７月、ゲストハウスを紹介するはじめての書籍として前田有佳利さんが書かれた『ゲストハウスガイド１００――Japan Hostel & Guesthouse Guide』（ワニブックス）が出版された。編集を手掛けたのは、佐々木典士《ふみお》さん。

佐々木さんは『ぼくたちに、もうモノは必要ない。――断捨離からミニマリストへ』（ワニブックス、2015年）という自らの著作を、当時編集者として勤めていたワニブックスから出版し、ベストセラーにしたという話題の人。内容は、物のあふれる時代、改めて自分に必要なものは何かを見詰め直し、身辺を整理して、新たなライフスタイルの視点を提示してみせたことで、若い人たちの共感を呼んでいる。

一方で、パソコンには、DVD、アルバム、写真、書籍などの必要なデータを集約させて身軽になり、スマートフォンも活用し、自らの暮らしに必要なベストミックスを形成している。そんな佐々木さんが数多あるウェブサービスから発掘し「次に絶対に波が来る」と出版を決めたのが、前田さんのゲストハウスガイドだった。

本では、北海道から沖縄まで、実際に前田さんが訪れたところだけを紹介する。地域別のリストと、「アート建築好きにおすすめ」「日本情緒あふれる古民家」「開かれたバーで飲みたい」「子連れ家族におすすめ」のようなテーマに分けて紹介している。写真が豊富でわかりやすい。また、ゲストハウスが実にバラエティーに富んでいることがわかる。いずれも地域性とぴったり合っていて、風景に溶け込んでいるかのよう。魅力的だし、行ってみたいと思わせるものばかりだ。

前田さんは、和歌山県出身。同志社大商学部卒業後、リクルートに入社し5年間在籍。その後、2015年8月にフリーランスとなってUターンし、和歌山市に生活の拠点を移した。実体験をもとにしてつくった「FootPrints」をきっかけに、不動産関係のウェブサイトで記事やウェブメディアのディレクションなどの仕事が生まれた。

そのうちの一つに、新しい視点で不動産を紹介し、仲介、販売するウェブサービス「R不動産」

が運営するウェブサイト「リアルローカル」がある。単に不動産ＰＲをするのではなく、地域の魅力、イベント、ツアー、人、ゲストハウスなどをセレクトして紹介。その土地に移住や居住を促そうという、これまでにはなかった不動産の新しいプロモーションスタイルだ。彼女は、このサイトの運営ディレクターをしている。

「社会人2年目で、仕事と家の往復で多忙でした。将来どうしたいのかが自分でもよくわからず、知り合いからいろいろと話を聞いていた。そのとき、自分がイメージしているのは気の合った仲間がいて、食べ物とカフェがあり、音楽が流れている空間だということを話した。その後『あなたが探しているのって、これじゃない』と紹介されたのが、東京都台東区下谷《したや》にある『東京ゲストハウスｔｏｃｏ《トコ》．』。早速東京に行った」（前田さん）

「ｔｏｃｏ．」は、2棟の建物からなる。入り口は、バーカウンターがありラウンジとして使われる「リビング」棟。その奥に築95年、縁側のある日本家屋をリノベーションした宿泊施設がある。バーカウンターがあることで、近所の人たちのコミュニケーションの場となった。日本家屋が好評で外国人観光客も訪れることから、国際交流の場にもなっている。

「私が求めていたのはここだ、と。すっかりはまった。この空間をつくりたいと思った。運営メンバーを聞いたら私より1歳上。それで遠い将来ではなく、すごく近いイメージになった。うれしかった。そこから週末に各地のゲストハウスを訪ねて記事を書き貯めてストックしていった。それを他の人に見てもらう。伝えるという役目に興味を持ち始めた」と前田さんは語る。

幼い頃から家族で海外旅行によく行ったという。当時はゲストハウスのことは知らなかったが、大学時代ＥＳＳ（英語サークル）や観光ゼミに参加していたことが今につながっているという。

『ＦｏｏｔＰｒｉｎｔｓ』は、女性の一人旅という目線で訪ねて訪問記事を書くというのが珍しいと受け止められているようです。まだゲストハウスの定義がないときにスタートしている。登録施設は今の数の半分くらいで始まって、知らない人に伝わっていきました」（前田さん）

主なユーザーは25～34歳の若い世代

前田さんは、出版に当たり紹介した１００軒からアンケートを取り、それを公開した。利用者は10代から60代までいるが、ユーザーのボリュームゾーンは25～34歳。その前後の18～24歳、35～44歳で大きく膨らんでいる。利用者は女性が56・7％、やや女性が多い。これを聞いて、新しい旅の潮流が生まれていることを確信したそうだ。

「ある取材のとき『クオリティー・オブ・ライフ』という言葉が出てきた。人生の本質を見つめて、ヨーロッパだと（滞在先に）ローカルを選ぶ人が多いと。

今、同じような現象がゲストハウスに起きている。高度成長の頃だと、お金を得て誰でも車１台という時代があったと思います。しかし『お金だけの物差し以外のものがある』ことを提唱とまではいわないけれど、現実にしようとする人がゲストハウスにかなり多い印象があります」

観光スポットにお金を落とすというこれまでの観光のスタイルではなく、長期的な目線で、どういう人と出会い、縁につながっていくのか、１回きりの人生でどこに身を置こうかを考えながら動いている。なんなら移住しようとまで考えている人が、ゲストハウスの利用者には多いという。

「静岡県熱海市でゲストハウスを経営している方に言われて、なるほどと思ったことがあります。これまでの温泉リゾートは、宿泊施設のなかで、料理から温泉、イベント、おみやげまで、すべてが完結してしまっている。だから町の本質を伝えられなくなり、観光客が減ったのではないかと。だからゲストハウスでは宿を提供し、温泉や食事処は地域を広範囲に楽しんでもらえるようにした。日常がわかれば、町全体が愛されるのではないか。若い人たちが取り組んだ熱海のゲストハウスは人が増えて、今話題になっています」

これまでの観光地のホテルや旅館の観光客が減っている、とはよくいわれること。熱海市を例に挙げると、ピークは1992年で923万人。そこから毎年減り続け、2011年には520万人まで激減。空き家率は5割近い。

しかし町を周遊する取り組みやWi－Fiの完備などをして、外国人観光客の誘致などを始めたことで、2014年は606万人にまで増えている。

ちなみに熱海で注目されているゲストハウスとは、築66年の倉庫を改装して生まれた「ゲストハウス　マルヤ」。スタッフが地域を案内する町歩きツアーが好評という。

町のよさや地域の人たちの人柄がわかれば、定住する人が生まれる。ゲストハウスの出現は、新しいライフスタイルと旅行、観光の流れの兆しを捉えているといえる。となると観光地の集客を目的とする一過性のイベントや特産品開発、団体ツアーでは、時代のニーズに合わないということになる。また地方の定住や移住促進も、ただ待っているだけではアプローチにつながらない。町の魅力と、小さくても自己実現できる環境と仕事のアピールこそが必要だといえるだろう。

ゲストハウスは人をつなぐ交流拠点

私が「ＦｏｏｔＰｒｉｎｔｓ」編集長の前田さんを知ったのは、ＮＨＫで放送されたゲストハウスを紹介する番組だった。すぐにインターネットで調べてメールを送った。和歌山市在住ということがわかり、セミナーの講師を依頼したのが出会いだ。

大阪市立大学大学院の協力を得て梅田のサテライトスタジオを借りて開催したセミナーで講師をお願いした。そのセミナーで聞いた話が印象的だ。

ゲストハウスは旅人と旅人、旅人と町の人、町の人と町の人、旅人と地域の交流拠点としても広がっている。これまでの宿泊施設とは異なる発展の仕方をしているのだ。

これらの施設の急増には、大きく5つの要因があるという。

①東日本大震災以降の暮らしの変化
②ＳＮＳの普及
③インバウンド熱の高まり
④少子高齢化により増加する空き家の活用
⑤地方創生の国の動き

今後、国が法規制を緩和することを検討している。規制緩和されれば、地方にもゲストハウスも広がるだろう。これからの観光やインバウンドにとっては、欠かせない要素の1つといえそうだ。

現在、全国で空き家がある。ただ建築基準法で制限があり、空き家をそのままゲストハウスに転用することはできない。床面積１００平米以内であれば役所への用途変更の建築確認申請は不要だが、保健所では旅館業法、消防署で消防法の適合確認や営業許可を受ける必要がある。

海外で一般的になっているＢ＆Ｂやジットなどの例をみると、空き家問題解決の１つの糸口になりうる。自治体が主体的に宿泊体制や法的に問題ない形を提言していくべきである。街並みや広域の連携や法整備をすることも大切だ。新たな観光、旅行の資源として注目のジャンルだ。

外国人観光客の利用が7割のゲストハウス——おもてなしラボ

千葉県八街市の商工会義所に所属する総武建設株式会社の小藪和美社長から「空き家が多い、その活用法はないか」と相談を受けたのがきっかけ。

小藪さんとは、八街商工会議所の講演会で知り合った。イタリアのアグリツーリズモの話をしたら「現地を見てみたい」と、第1章で紹介した中央大学法学部工藤裕子教授のイタリアツアーにも参加した。

八街市の隣、旧佐倉藩の城下町が残る佐倉市の京成佐倉駅から徒歩10分の場所に、「ＦｏｏｔＰｒｉｎｔｓ」編集長の前田さんが推薦するゲストハウス「おもてなしラボ」があることがわかった。さっそく運営者の鳥海孝範《とりうみたかのり》さんを訪ね、前田さんをゲストに呼んで「おもてなしラボ」のレンタルスペースで公開講座を開くことを提案し、「ぜひやりましょう」と、二つ返事をもらった。

１カ月後の２０１６年９月25日、実現に至った。前田さんの提案で、編集者・佐々木さんも一緒に参加してもらうことになった。

◆前田さんと佐々木さんを招いての公開講座

当日の講座は、地元からだけでなく、SNSを通じて知り合ったさまざまな業種の方たちが各地から参加して満員になった。前田さんが語っていた、出会いを求めている人たちが集うことを実感した。

「おもてなしラボ」が生まれたのは、2015年4月。もともとは桐だんすなどをつくり展示販売をしていた家具屋の店舗だった。その後、市の管理の下に置かれ、商業地の活性化（タウンマネジメント＝TMO）の一環で歴史生活資料館として10年ほど使われていた。

鳥海さんは佐倉市出身。ニュージーランドの大学でコンピューターグラフィックスを学んだ。帰国後、会社勤めした後Uターン。地元でフリーペーパーを発行したり、市の広報の仕事やまちづくりのNPO、市主催イベントの実行委員など地域活動をしてきた。その

◆「おもてなしラボ」のドミトリー

縁で、資料館の閉館に当たって市から鳥海さんに店舗運営の相談があったという。

ところが、建物は3階建てで延床面積は150坪ほどもあり、1人では持て余す。そこで3階を5人で使うワーキングスペース+シェアオフィス、2階をゲストハウス、1階をレンタルスペースとして使用することとした。改装費は1000万円。公庫から70%、銀行から30%の融資を受けた。

ゲストハウスのことは前田さんのサイトで知り、大いに参考にしたという。海外向けにサイトをつくったことで、外国人観光客が来るようになった。年間2000名のうち7割を占めるという。成田空港までは、最寄りの京成佐倉駅から京成本線で20分。その近さから、トランジット、乗り継ぎなどの利用客が生まれた。壁に世界地図を掲示し、宿泊客に母国をピンで打ってもらったところ、ゲスト

◆宿泊者を示すマップ

ハウスが普及しているヨーロッパ、アメリカからの客が圧倒的に多かった。

宿泊は1泊３０００円。男女共用のドミトリータイプで、32平米の部屋に2段ベッドを5台設置している。ベッド数は10だ。

地域住民の交流スペースとしての機能

「前田さんの『ＦｏｏｔＰｒｉｎｔｓ』の影響は大きい。彼女のサイトがなければ、オープンできたかどうかわからなかった。ウェブサイトのつくり方から、文書の書き方、写真の撮り方まで真似しました。佐倉市でゲストハウスは前例がありませんでしたからね。すごく勉強になった」と、鳥海さんは話す。

実際にやってみたところ、シェアオフィスは満杯。レンタルスペースも、週末はほぼ埋まる。レンタルスペースで図書館を開設した

◆「おもてなしラボ」の図書館。町づくりの本がセレクションされている

いという人が本を持ち込んだところ、地域やまちづくり関連の書籍を中心としたそのセレクトが大好評。本を読みに来たりする人も増えた。近所に子どもたちの遊び場がないことから、子どもたちも来るようになった。

レンタルスペースの使用は1時間＝1000円。一般の会社が会議のために利用したり、ママ友の集いなどにも使われる。Wｉ－Ｆｉは使い放題、電気代も無料、飲食物の持ち込みも可能であることで、評判となった。佐倉市からの評価も高いという。

「1階の駐車場で、2カ月に1度マルシェを開いてくださる方がいて、20店舗が入る。3カ月に1度『一箱古本市』を開いたら、これも人気。家庭からダンボール箱一つ分の本を持ち寄る。絵本が人気です。お母さんたちがお互い本を見せたり、話したりして盛り上がっています」と鳥海さん。

食事は出ないので、近郊の料理店を紹介している。これがまた宿泊客に人気だ。

前田さんを呼んで開いた公開講座は軽食のパーティー付きにした。軽食は、近所のイタリアレストラン「Trattoria Noce」の服部訓史《はっとりさとし》さん夫妻が用意し、懇親会は店に移動というスタイル。懇親が一気に進んだ。

女性が運営する人気ゲストハウス――マスヤゲストハウス

公開講座で話題に挙がった人気ゲストハウスの一つが、長野県下諏訪町で後継者のいなかった旅館をリノベーションして生まれた、斉藤希生子《さいとうきょうこ》さんの「マスヤゲストハウス」だ。

斉藤さんは海外で生活した経験があり、当時旅行した先でゲストハウスに泊まったことから日本でもできないかと考えていたそう。縁あって運営に困っていた旅館を借りることになり、これをリノベーションし、新たな宿の運営に乗り出した。

現在、月に300名が泊まりに来るという。これまでの旅館のスタイルとは、まったく形態が異なる。例えば、「マスヤゲストハウス」の料金体系には4パターンある。

①8台のベッドが入っている男女混合8名1室の部屋は2900円～
②6台のベッドが入っていて女性専用6名1室の部屋は3000円～
③ダブルベッドが1台の個室は1人だと4000円、2人だと6000円
④昔風の旅館の個室は1人だと4500円、2人だと7000円、3人だと9000円

食事は出ない。共用のキッチンがあり、そこには紅茶、コーヒー、緑茶などが置いてある。フリー

ドリンク制だ。1階にバーがあり交流の場となっている。

宿にはマップが用意してあり、町の飲食店、近所の銭湯などを紹介して、町中で楽しむというスタイル。また近所には、若い人たちが運営している古い家屋を改装した飲食店や雑貨店などがあるので、それらを連携させていくという仕組みだ。

「ここは町が魅力的で、お客さんはたくさん来ている。お互いが紹介し合うことで、旅館に近所の人たちが来て賑わっている。理想のスタイル」と、「おもてなしラボ」の鳥海さんが解説する。

若い世代は新しい波を求めているし、新たな観光や街づくりを始めている。

ゲストハウスの新しいモデルを開拓――株式会社 Backpacker's Japan

本章の最後に、前田さんがＦｏｏｔＰｒｉｎｔｓを立ち上げる前に訪れたという「東京ゲストハウスｔｏｃｏ．」を紹介したい。「ｔｏｃｏ．」は、株式会社 Backpacker's Japan が２０１０年に台東区下谷の古民家をリノベーションして開業した。

ちなみに前述したマスヤゲストハウスの斉藤さんは自身のゲストハウスを開設する前に「ｔｏｃｏ．」、そして株式会社 Backpacker's Japan の2号店となる東京・蔵前の「Ｎｕｉ《ヌイ》．」で働いていたそうだ。そこでゲストハウスの運営ノウハウを学んだという。

「ｔｏｃｏ．」は、東京メトロ日比谷線入谷駅から徒歩3分。ＪＲ鶯谷駅から徒歩8分。区の循環バスが通る道から1本入った住宅街のなかにある。一見する限り、小さなコンクリートの家屋だ。木枠のガラス戸の入口を入ると、その奥にバーラウンジがある。真っ白ではない温かみを感じる白壁に、木の床、木とアイアンでつくられたテーブルや椅子が置かれ、木製のカウンターからその客席を見晴らす。そしてそのまた裏に、大きな庭、石畳、瓦屋根、木造の家屋がつながっている。そこがゲストハウスだ。まるで別世界のよう。

下谷は、古くからの下町。江戸期には門前町として栄えたという。後に浅草、上野などと合併し台東区となる。「ｔｏｃｏ．」の周辺を歩いてみると大衆的な割烹店で海鮮丼が人気の「さいとう」、民家を丸々使ったカフェなど、下町ならではのお店がいくつかある。

昔からの町で人情が厚く、上野、浅草と観光資源も近い。また羽田、成田から1本で来ることができ、地価も安いという理由から、台東区に絞って物件を探し歩いた結果、先輩の女性から紹介されてその庭、奥の部屋のつくりに惚れ込んだという。しかし築90年の古民家の改装は、何人かに当たったが、古過ぎて手が掛かりとても無理と断られたという。

ところが一人、吉田智廣さんという大工さんが、本気でやる気があるならと引き受け、泊まり込みで工事に当たってくれたそうだ。株式会社 Backpacker's Japan のスタッフ全員、またゲストハウスに共感した延べ１００名のボランティアが全国から駆け付け、３カ月かけて改装工事をしたという。

最初は、バーカウンターの設置は、まったく想定していなかった。というのは、リサーチしたゲストハウスのヒアリングで、経営を安定させるには、宿泊スペースを増やした方がいい、という多くの声を聞いていたからだ。それに飲み物を出すとなると、中途半端にはできないし、その分の人が必要といった懸念もあった。ところが、吉田さんがバーカウンターをつくるとずっと言い続けていたのだという。その思いから、バーカウンターを設けた。

これが、宿泊客ばかりでなく、地域の人たちの交流、出会いの場となり大好評。オープン直後の2010年12月には、バックパッカー向け情報サイトが発表するジャパン・バックパッカーズ・リンク・アワードの大賞を受賞、翌年も大賞に選ばれた。こうして、人気のゲストハウスが誕生し、その後に生まれる各地のゲストハウスにも「ｔｏｃｏ．」のノウハウが取り入れられるようになっていった。

なお、工事に協力してくれる多くの賛同者を得たのには、しっかりと仕掛けがあった。ゲストハウスの構想をしてリサーチを始める前の段階で、ホームページやブログで、ゲストハウスをつくることを予告し、事前宣伝を行なっていたのだという。そのことで、各地から自分たちもやってみたい、体験をしてみたいという人たちが駆け付けてくれたという。

これまでに紹介した「おもてなしラボ」や、「マスヤゲストハウス」にも共通するのは、古くからの建物を改装して活用していることだ。もともとは料亭、ビジネスホテル、倉庫、民家などだったさまざまな建物が、ゲストハウスに生まれ変わり、おしゃれな交流・宿泊の場となっている例は他にも多くある。

建物の外観は大きく変えず、元の建物を活かした形なので、近隣の風景にも溶け込んでいる。どれも手づくり感あふれ個性的。「ｔｏｃｏ．」では、施工の大工たちと綿密な話し合いを重ねて「元々あるものを活かした改装を」と、建具など元の風合いを残したそうだ。木材をふんだんに使っているところも多く、とても落ち着く。

時代を先取りするゲストハウス――東京都蔵前　Nui. ホステル&バー・ラウンジ

今では、北海道から沖縄まで、多彩なゲストハウスが生まれている。住宅業界からは空き家や古民家の再生モデルとして、商店街からも地域づくりの手法として注目を浴びている。

株式会社 Backpacker's Japan が、ゲストハウス2号店として2012年9月に開業した東京都台東区蔵前にある「Nui.《ヌイ》ホステル&バー・ラウンジ」は、ゲストハウスの新形態として全国また世界各地から多くの来訪者を迎えている。もともとは玩具会社の倉庫だった6階建の物件を5階建てに全面改装した。地下鉄都営浅草線・大江戸線の蔵前駅から徒歩3分、隅田川沿いの倉庫街。周辺は静かで何もなかったので、多くの人にとって貴重な憩いの場となっている。

「『toco.』よりももう少し、しっかりと宿泊やキッチンなどを充実させ、より多くの人が集える大きな場をと探し、生まれたのが『Nui.』です」と桐村さん。

1階は採光もたっぷりの総ガラス張り。外から店内の様子が丸々見える。フロアの中心に三つ股の大きな木が据えられ、入り口には小さな木製のフロントがある。すぐ左手はカフェバーとラウンジになっている。

全長10メートルのバーカウンターは、木材の木目や木の形など素材を、そのまま活かして磨き上げたもの。とても温かみがあって個性的。ラウンジにはいくつかのテーブル席。奥にはピアノもある。ときどき音楽ライブが行なわれる他、指輪やブレスレットづくりなどのワークショップも開催される。

◆「Nui. HOSTEL & BAR LOUNGE」の外観

「経営理念はあらゆる境界線を超えて人びとが集える場所を。そのための宿なんです。『Nui.』とは、『手縫い』から取っています。手づくりのよさがあり、温かい。気軽で、快適であることを大切にしています。木をふんだんに使っており、実はカウンターには北海道ニセコにあった木を切ってきたものが使われているんです」。そう語るのは、運営マネージャーの桐村《きりむら》琢也《たくや》さん。現在31歳（2017年取材）。創業メンバーの一人でもある。

日中はコーヒーや軽食、夜からはお酒などを目当てに外国人、若い人、地元の人などがここに集う。このあたりはもともとは倉庫街。周辺も静かで何もなかったので、多くの人にとって貴重な憩いの場となったのだ。

入り口には4台の自転車が並んでいる。周辺の町巡りが気軽にできるように、と自転車

◆「Nui. HOSTEL ＆ BAR LOUNGE」のラウンジ（写真提供：株式会社 Backpacker's Japan）

専門店トーキョーバイクに特注したもので、宿泊者向けに貸し出している。

2～5階は宿泊施設だ。上の階には、コモンスペースという宿泊者専用のラウンジがある。周辺の案内マップ、全国のガイドブック、旅の書籍などが置かれている。

周辺マップには、観光スポットと併せて駅、コンビニ、銭湯、飲食店、郵便局、宿泊施設、公園なども掲載されている。この地区の他のゲストハウスのメンバーと話し合い、外国人観光客の視点も取り入れて作成したという。可愛らしい植木の鉢もある。おもしろいのは、小さな黒板に英語で書かれた銭湯の案内。庶民文化も楽しめるというわけだ。宿泊者専用のキッチンもあり、料理もできるようになっている。

宿泊は、男女混合8人ドミトリー3000円から。その他、女性専用ドミトリーや、1

人でも泊まれる2段ベッドのツインルームやダブルベッドの部屋もあり、毎日約100名の宿泊客で埋まるという。運営には、スタッフ、パートを含めて約30名が携わる。

「Ｎｕｉ．」の空間デザインを担当したのは、東《あず》野《の》唯史《ただふみ》さん。多くの店舗のリノベーションを手掛けてきた空間デザイナーだ。施工は、「ｔｏｃｏ．」を担当した大工チーム「渡部屋」をはじめとした十数人の大工さん、職人さん。つくり手と施主である「Ｎｕｉ．」のスタッフが協議しながら改装工事は進められた。

場所は昔の問屋街で、浅草などの観光名所からはちょっと離れている。ところが改めて地図と路線を見ると、ちょうど成田空港と羽田空港を結ぶところにある。電車で羽田から45分、成田から90分。どちらにも一本で行ける。東京駅まで15分。新宿駅まで30分。上野駅まで15分。かなり便利な立地。公共交通を使うので電車代も安い。実は、海外からの視点で利便性を考慮されているのがわかる。外国人に人気の浅草の浅草寺、道具街の合羽橋までは歩いて行ける。

「韓国、台湾。冬はオーストラリアからの人が多い。春はタイ、アメリカ、フランスからもお見えになります。約20％が日本人。30歳前後の方が多い」（桐村さん）

今では旅の形態が多様化し、ゲストハウスも認知され始め、一般の人にとっても旅の選択肢に入ってきているとのこと。申し込みは、ほとんどが「Ｎｕｉ．」のホームページからだという。あとは、海外の予約サイトである「ブッキングドットコム」「ホステルワールド」経由という。

仕掛け人は旅好きの若者たち

株式会社 Backpacker's Japan の代表取締役本間《ほんま》貴裕《たかひろ》さんと桐村さんとは、オーストラリアの大学に留学していた時のシェアハウス仲間だそうだ。意気投合し、一緒に仕事をしようと夢を話し合ったのが２人が20歳のときだった。

大学卒業後、一度就職した桐村さんに、本間さんから「早くやろう」と声を掛けたという。同様に声を掛けられた本間さんの友人だった宮嶌智子《みやじまともこ》さん、石崎嵩人《いしざきたかひと》さんの計４名が集まり、将来に向けた話し合いが始まった。

「キーワードは『旅と出会い』。話し合ったが、旅をビジネスにするのはなかなか難しい。旅と宿は切り離せない。それであれば宿を仕事にしよう。宿で出会う。年齢も国籍も違う人たちと話すことで、自分の持つ価値観が広がっていく。そんな空間をつくりたいということになった。オーストラリアにはゲストハウスがある。当時は、日本にもあるとは知らなかった。ユースホステルも日本にもあると、後で知りました」（桐村さん）

ユースホステルはドイツが発祥。学生たちが教育旅行で泊まるという目的で生まれ、全国に広がった。日本でも２２０カ所ある（一般財団法人日本ユースホステル協会ホームページより）。ゲストハウス同様ドミトリーが中心。かつてはユースホステル会員にならないと利用できなかったが、今では一般客も利用できる。

４人は仲間で夢を実現するために、宿泊施設のリサーチをしようと自分たちでお金を貯め、２班

◆株式会社 Backpacker's Japan 創業メンバーの桐村琢也さん

に分かれ、各地を泊まり歩いたという。

「1班は、国内のゲストハウスを泊まり歩き、オーナーさんに話を聞き、どんな運営をされているのかを見て回った。もう1班は、海外20カ国のゲストハウスに泊まりに行った。ぼくは、世界一周の班でした。一番印象に残ったのはキューバ。おばちゃんが楽しくやっていた」(桐村さん)

当時は、国内のゲストハウスは現在ほど多くなかった。国内外を周遊してリサーチした4人は、ここで会社を起こした。24歳のときだ。桐村さんの親は九州で焼肉店を10店舗経営しているそうだ。桐村さんが起業に踏み切ることができた理由の一つとして、身近に経営者がいるということが大きかったのだろうという。

２０１４年３月に株式会社 Backpacker's Japan の３号店として京都市下京区河原町松

原に「Ｌｅｎ《レン》」を、２０１７年3月には、東京都中央区東日本橋のオフィス街に、４号店となる「ＣＩＴＡＮ《シタン》」がオープンした。

「Ｌｅｎ」は、照明器具店とその事務所だった5階建てビルを改装した建物。「ＣＩＴＡＮ」はオフィスビルをリノベーションしたゲストハウス。こちらは地上7階、地下1階。１３０名が宿泊できる。

「ＣＩＴＡＮ」の1階には通りに面してコーヒースタンドをつくった。コーヒースタンドとは、着席用の席を置かないコーヒー専門ショップで、客は、テイクアウト、もしくは店内のカウンターで立ったままコーヒーを飲む。「ＣＩＴＡＮ」では、日中は地下のラウンジにコーヒーを持ち込める。こちらも公共交通の利便性がよく成田から90分、羽田から45分、東京駅から5分だ。運営は、「Ｎｕｉ．」のマネジメントを手掛けてきた清水翔太郎さんが担当している。

「人との出会い、いろんな人が集まる。再会する。新しい出会いがある。それが楽しい」と、桐村さんは笑顔で語ってくれた。

今後も新たな出会いを求めて挑戦していきたいという若者たちがつくる、これからの観光、地域に根付いた新たな交流の場としてのゲストハウスの動きはとても楽しみだ。

第5章 地域の元気を国内外に発信する生産者たち

農協がつくる売れる直売所――JAよこすか葉山 すかなごっそ

農林水産省の統計によると、全国の産地直売所数は2万3590。年間総販売金額は9973億円。このうち、農業協同組合の販売金額は3467億円（34・7％）、農業経営体（個人・法人・会社）は1527億円（15・3％）、生産者グループは1635億円（16・3％）、地方公共団体・第3セクターは716億円（7・1％）、その他2624億円（26・3％）となっている（2015年）。

都市部の農産物直売所で急伸中と注目されているのが、神奈川県横須賀市「JAよこすか葉山すかなごっそ」だ。名前の由来は「すか（横須賀）な（菜）ごっそ（ご馳走）」。

2011年オープンして初年度の売り上げは6億円。毎年売り上げを伸ばし2016年は11億5000万円になった。敷地は7000平米だ。登録農家は460名。年間動員は54万8000名。客単価は2000～2300円。職員5名、パート20名を雇用している。

場所は、東京・品川駅から京浜急行で約1時間20分。三崎口駅から車で10分ほどと東京からもア

◆開店と同時にお客が訪れる「JA よこすか葉山すかなごっそ」の売り場

クセスがよい。

すぐ近くに三浦半島の肥沃な農地が控えており、豊富で新鮮な農産物が出荷されること。肉類、魚売り場を設け、生鮮3品、花卉類もそろえたところが強みになっている。

「肉は、葉山牛を多く扱っている三浦半島酪農組合が会員となっている卸業者に入っていただいた。魚は、長井漁協に入っていただいています。野菜、魚、肉があるというのは、お客さんの要望もあったし、行政の後押しもあり、やりたかったことです」とは、店長の塚原仁さん。

一番苦労をしたのは、花と米だったという。

「お花屋さんは2軒。しかも菊しかなかった。お花をつくり市場に持って行くことが後回しになり、だんだん衰退していた。お花をつくっている人は他にもいる。そこで直売所

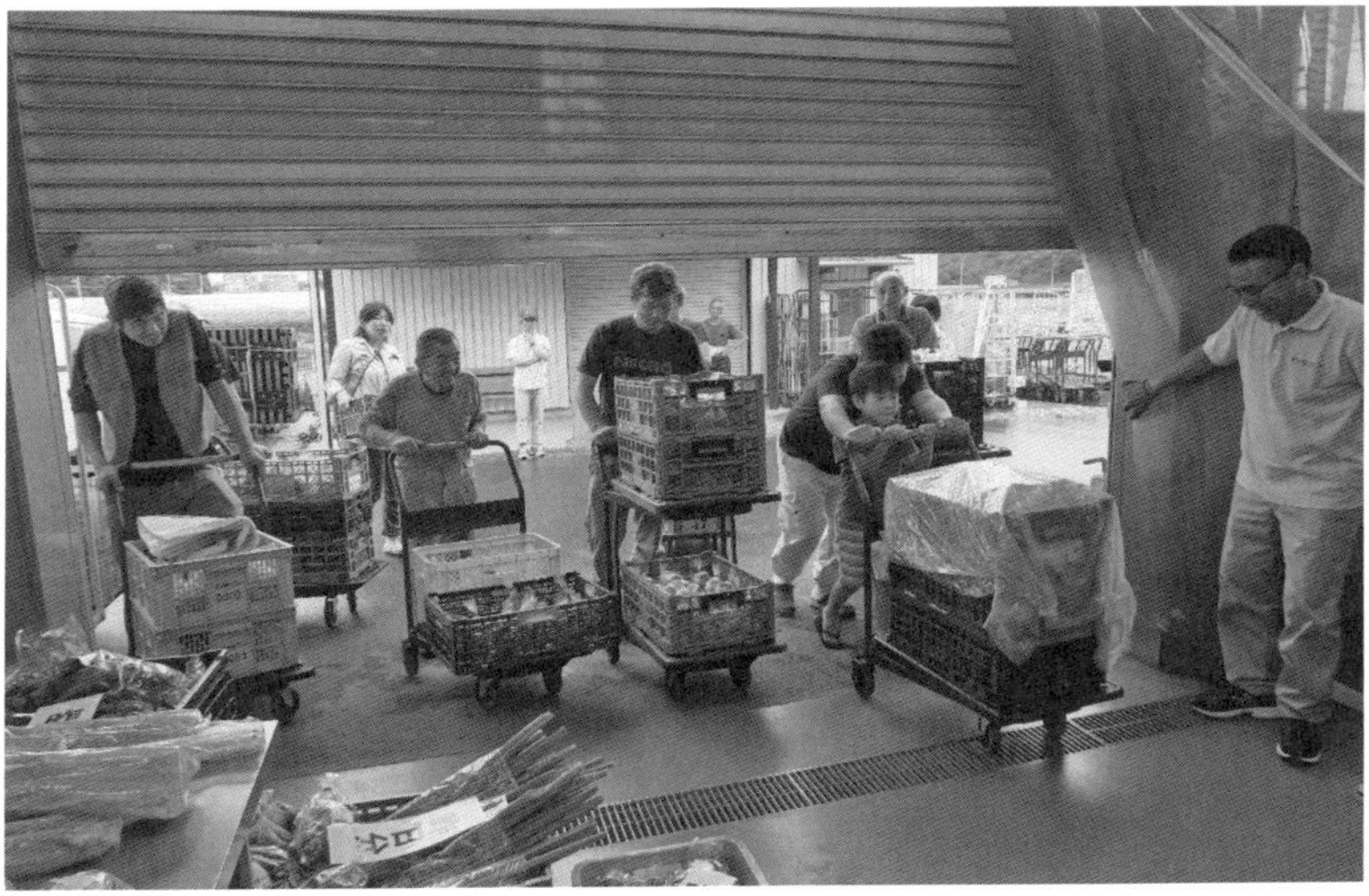
◆朝7時30分、搬入の様子

へ直接花を出してもらうように呼びかけたり講習会をやって、とりあえず出荷してもらうようにした。その後は様子を見ながらアドバイスをしていきました。だんだん直売所で売れるような花をアレンジをして出品してもらえるようになった。全体としては1・5%。まだ広げたい分野です。

畑が多いが、お米の生産は現地ではゼロに近い。そこで県外の推奨米を中心に、あとはなるべくおいしいお米を探してもらっている。玄米で対面販売をとってきたが、なかなか売れず、2キロとか3キロの少量袋で販売し始めて、ようやく伸びはじめたところです」

9時30分の開店前から客の列ができる。近郊の一般家庭の買い物だけではなく、飲食店の仕入れとしての利用も多い。仕入れとしての利用客は、ワゴンにあふれるように野菜を積み上げている。私が訪れた時にも、そんな人が何人もいた。

農家の搬入は7時30分から9時まで。搬入する農家も早い人は7時から並ぶ。できるだけいい場所に並べたいというのもあるが、他の人がどんな作物を栽培しているか、なにがよく売れているのかなど、情報交換とコミュニケーションの場にもなっている。

システムの合理化と売るための創意工夫

花売り場で、朝早くからせっせと花を並べている女性がいた。見ていると、ただ栽培した花を持ち込んでいるだけではない。見た目がいいように、花の色合いを考えて並べ方を変えている。また可愛らしくブーケに仕立て、そのまま贈り物になるものもある。

「親が農地を持っていたから、新規就農で4年前から花を売るようになりました。でも直売所がなかったら売るところはありません。こういう場があるとすごく助かります」とのこと。貴重な販売の場を提供することで、空き農地活用の促進に一役買っている。

開店前の売り場の様子を見ていると、順調に成長してきた理由がわかる。スタッフが野菜や果物を一つひとつが目立つように、また隙間がないように配置している。きれいに一列に並べて置くのがルールだ。仕切りはL字型。スライドできるようになっていて、早朝の出荷が多い時は仕切りを詰めていくことで、多くの出荷農家の野菜がまんべんなく並び見栄えよく見えるようにしている。

出荷物が多い場合は棚の下にストックをしておく。売れるとスタッフが随時補填していく仕組み。担当者はきめ細かに、野菜を並べたり補填をしたり、農家にアドバイスをしたりしている。

◆開店前に野菜の並びを整えるスタッフ

野菜を入れたビニールや帯には、個人名とバーコードの入ったシールが貼ってある。価格は出品者が自由につけることができるが、参考として市場価格を知らせ、目安にしてもらっている。50円以下の価格はつけないのがルール。

売れ残った場合は引き取ることとなっている。1日置いても引き取りがない場合は、4時以降売り場から外され、外の引き取り専用の棚に出すこととなっている。

「当初は量は多ければ多いほどよい、価格は安ければよいという傾向が強くありました。

しかしこの直売所の購入者は高齢者が多い。量はいらない。安いだけでは売れないと、かなり説明をしました。『お客さんにとって必要なものを、適正な価格で販売をすること』。そのことを搬入するときには常に話し

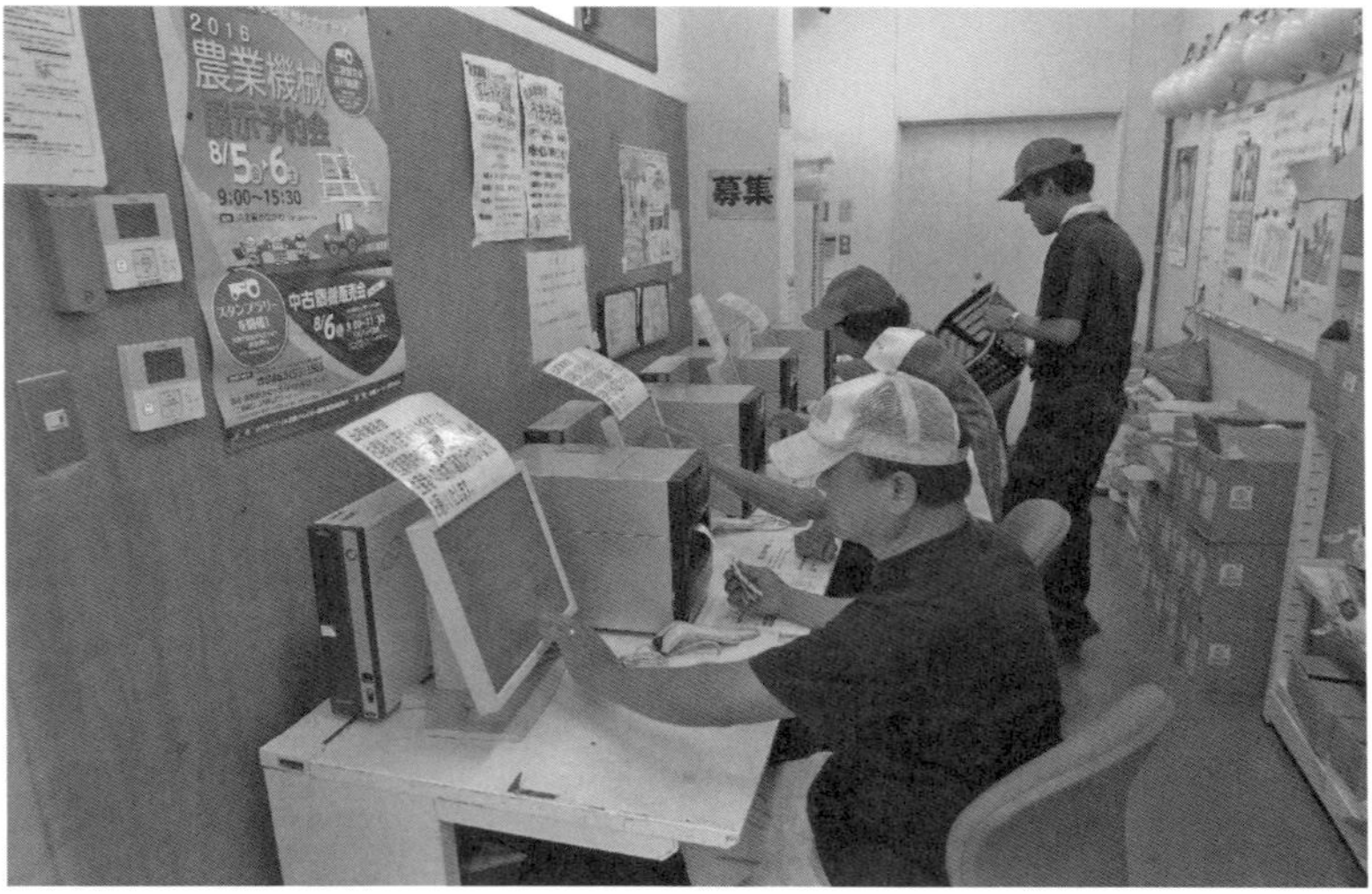

◆搬入口近くに設置された機械でバーコードのシールを発行する

てきました」（塚原店長）

バーコードのシールを打ち出す機械が搬入口に設置され、それぞれの農家が自分の野菜の値段を打ち込み、印刷する。シールは1枚1円。

バーコードはレジで読み取られ、個人の携帯電話やスマートフォンにメールで売り上げ報告が送信される。その配信頻度は出荷者の希望で15分間隔から設定することができる。熱心な人は、売り上げデータを見てもっとも商品が動く時間帯を把握して、売れるときには補填しにいく。そうすれば売り上げが伸びる。個人マーケティングだ。

こういった棚の配置、並び、生鮮3品のそろえ、POS利用は、売れる直売所では今や当たり前になっている。これまで各地で培われた直売所のノウハウがすかなごっそに持ち込まれていることがよくわかる。

農家のメリットを明確化した直売所

神奈川県内で地域の生鮮野菜や鮮魚を販売するところは、直売所、道の駅、朝市、マルシェなど、不定期開催のところもすべて含めると５４０カ所もある。このうちＪＡの直売所は39カ所ある。それなのに、なぜあえて新たに出店することになったのか。

直売所マップを見ると、多くは横浜市、厚木市、藤沢市など、市街地や住宅地に近いところに集中をしている。一方、すかなごっそは、横須賀市の市街地からもかなり離れた郊外にある。三浦半島の海辺近くにあり、この地域でははじめてできたということがわかる。

そもそも農協が一括で集荷して市場に出すという共同選果の農産物が中心だった。ところが農家から直接、スーパーや量販店に出荷するケースが増えてきたこと、高齢者が多くなったことで、旧来のシステムで出品する人が減ってきた。

また多品目の作物を栽培する農家がいても売る体制がなかった。そこから将来の地域経済を生みだし、継続的な農業ができるようにと、新たな直売所が生まれることとなったという。

①高齢者対策、②地域貢献、③雇用、④農家所得向上、と明確に目標を掲げてのスタートだった。「神奈川県県下で直売所の認可を下ろす最後になるだろうと言われていた時期でした。２００９年から役員と話し合いが行なわれ、ＪＡの中央会にアドバイスをもらいながらやっていこうとなって現実味を帯びた。

農家の所得向上と自立を目標に掲げました。基本的には、私と部長を中心に開店1年半前に準備室をつくり、JAの各支店に説明会に出向き、営農担当職員が詳細な説明を行ないました。説明会では梱包の仕方、野菜の詰め方など、写真入りの冊子を作成して配布もしました」（塚原店長）

そこには、車で60分以内に54万世帯130万人の消費者がいること。道路が整備されていることから利便性が高いこと。148台の駐車場を設けること。POSシステム導入で販売数量が個人管理できること。流通コスト削減で所得向上につながること。追加搬入も随時できること。手数料は15％（加工品は20％）。清算は15日と月末の2回など、メリットがわかりやすく書いてある。

参加希望者を募ると同時に、県内の直売所の視察も数回実施した。

会費は入会金として初回のみ5000円。年会費は1000円。事前説明をしっかりとし、JA中央会がコンサルティングに入ったことで、売れている直売所の運営ノウハウがもたらされたというわけである。かつて農地だった土地を県の許可を受けて転用し、土地所有者には代替地が手配された。建設費は3億円。JAが出資をした。

毎月売り上げのベスト10を農家に配信

スタートは390名からだった。事前準備を丁寧にしたことで、売り上げ6億円からと好調の出だしとなった。

「6月がオープンだったので、最初の3カ月は、6・7・8月と商品がたくさんあった。秋になるとものが少なくなった。12月になると大根とキャベツが出てきて売り上げが上がった。

最初の頃は、ナス、ピーマン、ソラマメ、インゲン、枝豆など自家消費のための家庭菜園の延長のようなものばかりだった。レギュラーでほしいニンジン、ジャガイモなどがなかった。インゲンもモロッコインゲンのような平べったい種のものはなかった。

一体どうなることやらと心配したとは、かなり後になって県の方に言われました。でもこちらは無我夢中でしたし余裕もなかった」（塚原店長）

実際に販売が始まり、客のほしいものや必要なものが具体的に見えてきて、スタッフから農家に情報を伝え、農家同志のライバル意識も働いて、品目数が拡大していった。今では、トマトも、ミニから大玉、緑、黄色など、色も大きさも品種も多彩にある。ジャガイモもニンジンも数種類が登場するようになった。キュウリは、一般流通では鮮度が落ちやすいことから出回りにくい四葉胡瓜《すうようきゅうり》が登場するようになった。直売所の大きな利点だろう。

消費者のニーズを把握し、よく売れる作物にするには、品目を増やしたり手書きPOPで食べ方を説明したり、袋詰めで見栄えよくなるようにしたりとちょっとした工夫が必要だ。ただ店頭に置いておけば売れるというほど容易ではない。

「品目の講習会は春、夏の年間2回。この場所で栽培講習会をしています。

毎月、前月の売り上げが多かった出品者のベスト10位を発表。農家に配信をしています。こんなものが売れているとか、この作物の栽培はどうしているとか、作付けを早めて貯蔵できるものもあるとか、日常でもなるべく生産者に直接話すようにしています。

出荷は生産者だけに任せるのではなく、こちらで持ってきてほしいものをリクエストしたり、売

れているものがある、よく売れているというときはこちらから直接電話を入れて、搬入してもらいます」（塚原店長）

売り上げを上げるために、いかに裏側で、こまめな対応がされているのかがわかる。

また多くの人に、直売所の存在を知ってもらうための広報もしっかり行なった。

「観光課主催のイベントに出店させてもらったり、冊子に掲載してもらったりしています。市でも案内パンフを作成してもらいました。農政課にも広報の協力をしてもらっています。商工会との連携、京浜急行との提携の地元イベント、産業祭など、地域でも、積極的に参加をしています」（塚原店長）

売り場でも、毎月催しが開かれている。人気なのは月1回の野菜詰め放題。ニンジン、ジャガイモ、タマネギなどをビニール袋に自由に詰めて1袋３００円ほど。

生産者による直接対面販売も好評だ。10時〜お昼まで、月３回。青果の他に卵生産者、加工品業者が対面販売に入ることもある。

また季節のイベントも充実している。正月の七草粥、お汁粉、お盆の盛り花、クリスマスのケーキ、年末ののしもちなど。地域の食材と連動をして、単価が上がり、売り上げが伸びる工夫がされている。

すかなごっそのこれからの展望

直売所の参加者の年齢は20代から80代と幅広い。１０００万円もの売り上げを上げる生産者も2

名いるそうだ。どちらも野菜を出品する農家。直売所での売り上げの高い人は平日で7～8万円。休日だと14～15万円になるという。

すかなごっそでは、今後の展開に明快なビジョンを持っている。

「農家さんからは、直売所の働きに一定の評価をいただけるようになりました。農家によって販売額も異なるし、年代層によって、取り組みが違ってきます。若い人は、ここから自分たちの荷物の評価をしてもらい、荷をはっきり意識してどんなものが売れるか考えて出荷している。シールを付けてより売れるようにしたり、別のレストランにつながりをつけたり、新しい取り引き先を開拓したりと、やりがいを感じてくれている。こういう人は、それぞれ伸びてほしい。

販売額50万円以下の生産者が半分以上。２００名くらいいる。

この人たちは楽しんでいる。野菜をつくらなかった人が花を出荷するようになったり、サボテンを出したりするようになった。この人たちの売り上げが年間１００万円になってくれるといい。そして売り場が楽しくて、おもしろいと感じてくれるといい。野菜のテーマパークにしたい」と塚原店長。

さらに、①地域内のレストランとの連携、②学校給食との連携、③横須賀野菜のブランド化を目指し、すでに学校給食の栄養士と話し合いを持つなど準備が進められている。

「今後は普及に当たって、チラシで宣伝みたいなことではなく食べ物で認知を広げていきたい。例えば、ここの物を使って料理を出す飲食店を増やして、店頭で横須賀野菜を出していると言っていただく。また学校給食で、先生が『使っている野菜は、横須賀のだよ』とか。子どもさんから親御さんに、野菜のよさが伝わるようになれば、一番うれしい」

塚原店長が語るすかなごっその展望は、高齢化が進み、医療費が増大する状況において、非常に重要である。とくに生産者の生きがいにつながる仕組みというのは、第2章でもふれたが、長寿の条件の一つ、「高齢者の就業率が高く、生きがいを持って生活をしている」という点に合致する。

さらに学校給食との連携が広がれば、健康と地域づくりの広がりは、大きなものとなるだろうと期待される。というのも農水省自体が、食育基本法のなかで、地域の自給率向上、学校給食と地域との連携、企業と農業の連携を、新たに掲げているからだ。

生産者が出資する生産・加工・販売会社――株式会社野菜くらぶ

農家がこれまでの流通形態から直売という新たな展開に活路を見い出したように、農家自体も大きな変革を始めている。

新鮮な野菜の生産・出荷と併行して、コンニャクや漬け物などの加工品の販売で売り上げを伸ばし注目されているのが群馬県昭和村にある株式会社野菜くらぶ（澤浦彰治代表）だ。

この会社の特徴は、生産者が出資してつくったという点である。１９６２年からコンニャク芋の有機栽培を行なっていた澤浦さんの畑を見に来た取り引き先からの「周辺には野菜畑もある。野菜の出荷はできないか」という提案をきっかけに、１９９２年、昭和村の農業仲間３名で、野菜の栽培・生産・販売などを手掛ける会社として設立した。そこから生産農家の参加が少しずつ増えていき、２０１７年10月現在、参加している生産者は74名（農業生産法人14法人を含む。群馬だけでなく青森や静岡、京都、岡山の生産者とも連携している）。働くスタッフは5つあるグループ法人全体で１８０名。２０１６年度の売り上げは34億円。順調に伸びている。

生産品目は、レタス、トマト、キャベツ、ダイコン、ホウレンソウなど約40品目ある。参加農家が連携することで、生協、宅配業者、スーパー、百貨店、飲食店など、約90社ある取り引き先の必要に応じた農産物を供給している。各農家の売り上げは、規模にもよるが１軒当たり２０００万～１億５０００万円という。

グループの会社は、他に、有機コンニャク芋の栽培、コンニャク加工、冷凍野菜、漬け物などの加工などを手掛けるグリーンリーフ株式会社。有機小松菜、有機ホウレンソウを栽培する株式会社四季菜。ハンバーガーチェーン「モスバーガー」との連携でトマト生産をする株式会社モスファーム・サングレイス。新たに立ち上げた休耕地での太陽光発電を主体とした再生可能エネルギー売電を行なうビオエネジー株式会社がある。

野菜くらぶでは営業部門に専任者を置いている。野菜担当が3名、加工品担当が3名。生産・加工を一方的に行なうのではなく、営業担当者が相手先の要望を聞きながら、必要な野菜、加工品をつくり、直接、販売をするというシステムをとっている。価格も生産者の生計がたつように、直接取り引き先と交渉する。

こうした体制のもとで、参加農家は農業に専念し、注文に応じた品質の高い生産物を栽培できる。そして持続的な農業ができるというわけだ。

「モスバーガー」とのＷｉｎ－Ｗｉｎになる取り組み

取り引き先との交流会、視察も盛んに行なっている。7～8月になると、視察だけで700～800名が現地を訪ねてやってくる。

「営業部門は、毎日のように、取り引き先の方と話し合っています」とは澤浦さん。

例えば「モスバーガー」で使われるレタスは、実がしっかりと詰まった重量があるものより、葉を剥いでいったときに、中まで均等に味わいと色合いが保たれるものが求められる。1個1個のバーガーのレタス使用量をバランスよくするためだ。そのために栽培法や品種を工夫する。

農家と企業の交流会で生産者から出たアイデアが、実際の店舗で実現したサービスもある。「朝採れたレタスをそのままハンバーガーに挟んだらおいしいんじゃない」という生産者のアイデアから各店の店長が朝、畑に来てレタスを収穫し、各店で提供するという取り組みが始まった。期間限定キャンペーンとして、生産地の中心である群馬県内の29店舗、栃木県内の21店舗で提供された。2012年に始まったこの取り組みは、その後全国各地に広がった。

「モスバーガー」との連携が始まったときに、澤浦さんたちが提案をしたのが、社員が、圃場に来て、実際の生産現場を体験して学んでもらうというもの。

こうすればハンバーガーをつくる人も販売をする人も、レタスがどんな環境で栽培・収穫されるのか、新鮮さを保つためにどんな工夫と状態で運ばれるのかがわかる。今では「モスバーガー」の店頭でレタス生産者の名前が掲示される。こうした取り組みは他店との差別化にもつながっている。

２００６年には「モスバーガー」と野菜くらぶ、静岡で農業に携わっていた杉山健一氏、アグリビジネス投資育成株式会社と新規就農業者など10名で、トマトのハウス栽培を行なう会社を立ち上げた。株式会社モスファーム・サングレイスだ。

きっかけは２００４年、天候不順でトマトをはじめ野菜の価格が高騰したこと。「モスバーガー」は野菜の調達に苦労した。農業進出も考えたが素人では難しい。そこで、レタスやトマトを提供していた澤浦さんたちがに「モスバーガー」側から、共同事業で安定した生産・供給を目指す生産法人を設立しませんかという提案があった。

生産技術を澤浦さんたちが提供し、販売先を「モスバーガー」が受け持つ。お互いのノウハウを連携させて安定供給をしていく、つまり農商工連携である。これもお互いが現場の連携を早くから行ない、よいコミュニケーションが取れていた結果である。

最近では、飲食店の「しゃぶしゃぶ温野菜」から夕採れレタスができないかとの提案が持ち込まれた。レタスしゃぶしゃぶに使うという。レタスは早朝収穫をして朝出荷が基本。そのためにどの農家も断った。しかし、野菜くらぶのメンバーでやってみるという農家が現れた。最初は10ケースから。現在は１００ケースを出荷するまでになった。

「相手の要望に合う品種も栽培方法も試みる。昼間太陽の下で光合成をして、養分を蓄え、おいしさが増したレタスが生まれた。マーケティングは大事ですね。よく加工をして付加価値をといわれるけれども、なにも加工だけが付加価値を生むわけではない。きちんとした生産が基本。それがあっての加工なんです」と澤浦さん。

地域を超えた連携で安定供給を実現させる

また青森県や静岡県などでは、新規就農者に生産を任せて、リレー体制で1年を通して野菜を生産・販売できるようにもした。

夏場から秋にかけての野菜が気候変動で長雨が続き、レタスの収穫が激減する。それに対し、生協との取り引きのなかで、安定供給してほしいという要望が上がったためだ。そこから、適地適作を探して栽培し、調達をするという考えが生まれる。

そのために新規就農者を迎えて、新たな産地を開拓するという展開につながった。海外で農業経験のある山田広治さんと新規就農フェアで出会い、研修生として迎え入れ、群馬県でレタス栽培を学んでもらった。

同時に野菜くらぶで、適地適作として青森県黒石市を選定。会社が保障人となり交渉を行ない、土地を借り受け、そして移住をしてもらい、独立して栽培をしてもらう。独立資金は野菜くらぶと就農者で50％ずつ出資。営業・販売は、野菜くらぶで引き受ける。

こうして新たな生産形態を生み出した。２００３年のことである。

この成功によって、その後も、新規就農者を受け入れ、新たな生産地を開拓。取り引き先の要望に応え、かつ生産・販売の安定供給につなぐという新たな展開へと広がった。

株式会社野菜くらぶが大きく取り引き先と売り上げを伸ばしている背景には、販売先のニーズにあった栽培・生産・加工・販売の仕組みを地道に積み上げていったという長い時間をかけたプロセスがある。

しらたきがヘルシー食品として注目されて海外輸出へ

最近注目されているのが、コンニャクである。加工品は、取り引き先の要望に応えていくうちに商品アイテムが増えていった。芋コンニャク、糸コンニャク、玉コンニャク、しらたき、つぶコンニャク、小巻糸しらたきなど50種類以上もある。

とくに「しらたき」は海外向けの販売を伸ばしている。テレビでも取り上げられたことがあるので、ご存じの方もいるだろう。

健康食品としてカロリーが抑えられヘルシーなしらたきが、パスタの代わりに使われる。また、小麦アレルギーの人向けの商品として人気だというものだ。パスタとして、しらたきを使うなんて日本では想像もつかない。しかもヨーロッパからのオファーなのである。健康食としてイタリア、ドイツ、ポルトガル、スペインで人気となっている。

コンニャク芋の生産からしらたきの加工・輸出販売の中心となっているのが、グリンリーフ株式会社だ。この会社は、澤浦さん一家が１９６２年に家族経営で始めたコンニャク芋栽培から出発した。コンニャクの輸出が始まったのは２０１２年。今では、年間で３００万パック。コンニャク全体の売り上げは3億円、グリンリーフの取り引き先は２４０社にのぼる。

輸出につながったのは営業をかけたわけでも海外に売り込みをかけたわけでもない。早くから栽培で有機ＪＡＳをとっていたこと。きっかけは取り引き先からの要望だった。少しずつ加工所の改築・増築をして、また衛生管理も万全にしてきた。これも取り引き先の求めに応えて取り組んだ。ＩＳＯ２２０００や、ＦＳＳＣ２２０００などの認証を取得して、管理体制は国際規格に準拠した。また栽培基準や、使用する肥料、作物のカレンダー、生産者などの詳細な情報をホームページで公開をしている。

「ホームページは、専門の会社に作成を依頼しています。ホームページの制作・維持・更新には年間で約１００万円かけている。生産農家のヒストリーは、ライターに原稿を依頼をしています。栽培基準もしっかりと出すことで信頼性につながる」（澤浦さん）

生産工程から栽培基準まで、明確に打ち出し情報公開をしたこのホームページを見た商社から「ヨーロッパでしらたきをほしがっているところがある」と連絡があったことから海外への取り引きが始まる。ただし輸出に当たっては、パッケージ、コンニャクを固める凝固剤、工場設備など、ヨーロッパ基準に合っているかを明確にしなくてはならない。

そこで、６次産業の補助を受けて、改装を行なった。輸出向けのコンニャクをつくるための製造ラインを新しく設け、輸出につなげた。比較的容易に実現できたのも、これまで積み上げてきた実績によるものだ。

「日本で一番コンニャクの生産量が多いのは群馬県。しかも有機栽培でつくれる。好条件があったから成立した。栽培するものの優位性がある。ここはコンニャクの大産地。それに父が土壌消毒をせず有機肥料によって土づくりをしていた。有機ＪＡＳ認証のコンニャク芋の国内シェアは約

60％、製品で35％を占め、輸出のシェアは90％近い。着実に手づくりをして、口コミでスーパーに紹介してもらい広がった。

確かな商品がほしいと相手に言われたときに、農産物の履歴を押さえていかないといけない。加工方法も、安直に機械を入れてしまうと商品特性が出ない。

有機栽培で芋からつくっている。芋でもつくり方が異なる。芋をすると、つぶつぶのでんぷん質が出る。それを取り除いてアクがなくなるものを使うと加工は楽。しかし、でんぷん質には風味も含まれる。うちでは芋の成分を全部使っているので、他と違っている。風味を活かすように機械化しようとすると、オーダーメイドになるので製造原価が上がる。こうしてうちならではの商品が生まれた。

凝固剤には北海道産ほたて貝のカルシウム、内モンゴル産の炭酸ソーダを使用するなど工夫をしている」（澤浦さん）

澤浦さんは商談で年2、3回は海外にも出かける。ヨーロッパで今後、有機農産物は伸びると予測している。ＥＵでは日本の法人のトップや農業者が来ることは、好印象を与えるという。

モデルは昔ながらの農家の手づくりコンニャク

有機コンニャクを始めたのは1990年。当時コンニャクを有機栽培する農家は皆無という状態だった。取り引き先から「コンニャクは農薬を使用すると聞いたけれど、有機栽培でできますか」と問われたのがきっかけ。

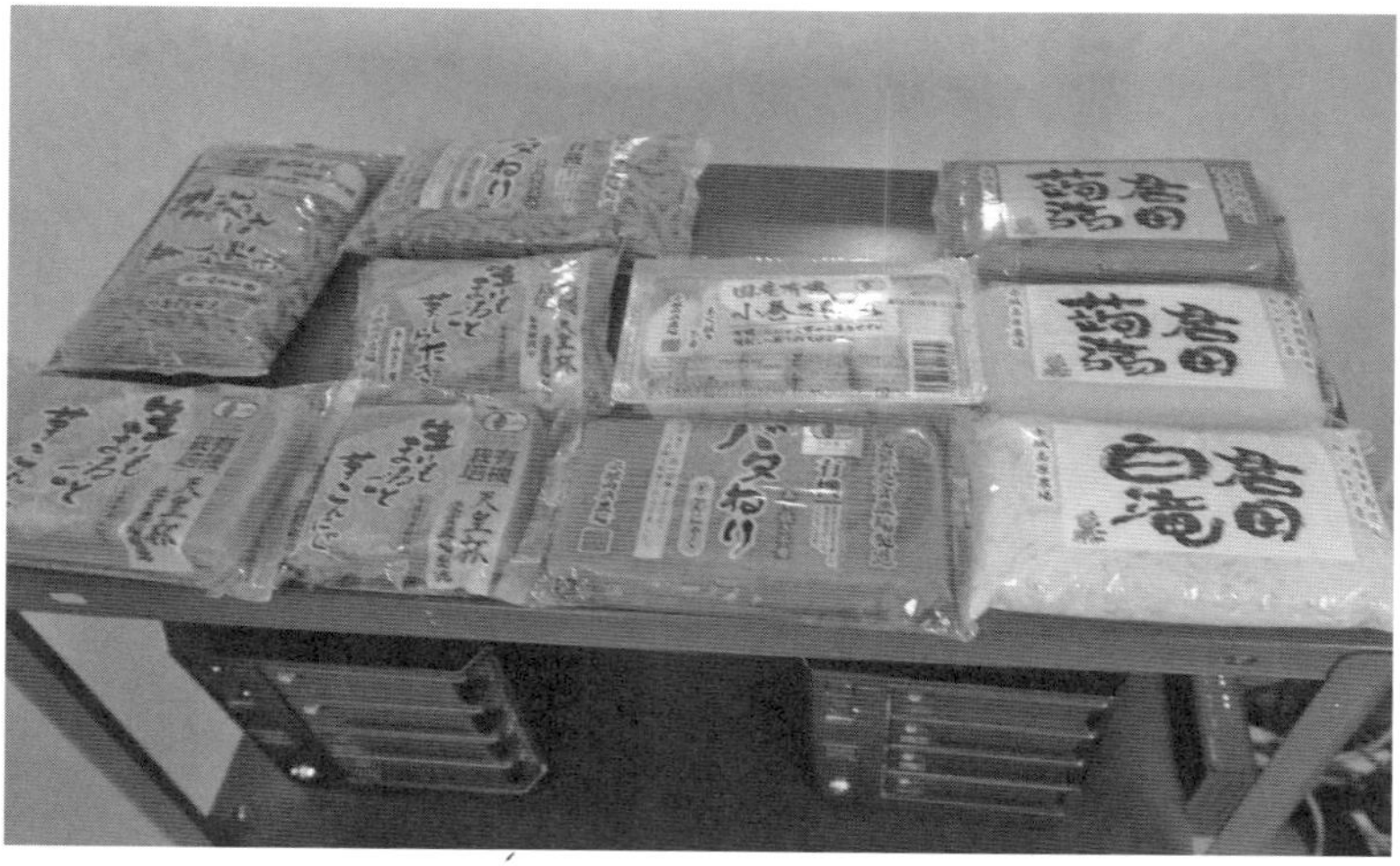

◆野菜くらぶのヒット商品のコンニャク

コンニャク芋は、種を植えてから収穫まで3年かかる。その間、2度掘り上げて、冬を越させる。そのときに菌が付かないように殺菌のための農薬を使用する。

「かつて農薬を使用しなかった時代にはどうしていたのか」。澤浦さんは父親に尋ね、薪の煙で蒸していたことを教わった。かつては囲炉裏があって、薪をくべる。その煙が殺菌剤となったのだ。そこで、その方法を応用してみた。

木酢を使うなど有機基準に合うものを試み、そこから有機ＪＡＳ認証を取得することとなった。

その実例ができたことによって、農産物全般に広げ、今では多くの生産物で有機野菜が栽培・販売できるようになった。

当初、コンニャクの加工に当たっては、親の嫁入り道具であった釜と電気店で購入した家庭用ミキサーを使った、まったくの手づくりだった。販売は、近郊のお店から一軒一軒訪ねていく。逆にいうと、量産されない昔ながらの農家の手づくりコンニャクが高く評価され、そこから口コミが広がり、売り上げを伸ばしていった。売り上げが伸びれば、加工場の設備もいる。手づくりコンニャクのよさを活かした工程、有機JAS認証の工場という形で、設備投資をしていった。最初の本格的加工場ができたのが、1998年。建物だけでも7000万円かかった。これまでに3億円以上を投資している。

「2年に1回は改装をしたり、機械を入れ替えたりしている。今年も2回改装をしている。使いやすくする。新商品開発をする。衛生管理をする。増産をする。そのときどきの要望、対応に応じて、改装をしているんですね。よく10年一区切りとはいいますが、やはり節目節目で、1つの形になるには10年かかるというのを実感しますね」（澤浦さん）

取り引き先のニーズをつかんで商品を開発

もう一つ大きく売り上げが伸びているものに、漬け物がある。

漬け物の加工を始めたのは1996年。その後、漬け物工場の建物や機械を衛生管理ができるように3億円かけて入れ替えた。そのことで2006年からはパルシステム生活協同組合連合会との取り引きが始まった。

「漬け物工場も増築改築してきた。一発で完璧なものはできない。製品の中身や、つくり方によって工場の設備も変わるから」

毎日、白菜漬け、かぶの酢漬け、糖しぼり大根、夏野菜ピクルスなど、8種類の漬け物がつくられている。どの製品もクオリティーが高い。

「浅漬け三昧」は、ハクサイ、キュウリ、ニンジン、ダイコンがミックスされた浅漬けだ。沖縄の天日塩、北海道の昆布、3年醸造のみりんや米酢を使用。アミノ酸などの化学調味料は入っていない。「夏野菜のピクルス」は、塩漬けした野菜を甘酢に漬け込んだもの。沖縄の天日塩、北海道の甜菜《てんさい》のグラニュー糖、米酢のみを使用。酸味と甘味のバランスがよく、さわやかだ。日本人向きのピクルスで、食べやすい。サラダにもいい。

一番人気は「糖しぼり大根」だ。ダイコンの水分を糖分と食塩で抜いた漬け物。それを上白糖と沖縄の天日塩・天然醸造酢で味付けしたもの。かりかりとしたダイコンの歯ざわり、食感がとてもいい。関東近郊1都10県で宅配サービスをする生協の1つ「パルシステム」での売り上げナンバーワン商品である。スーパーマーケットでの売り上げも伸びている。

「スーパーで試食販売してもらったところ、子どもが食べていく。子どもが食べるから売り上げが伸びている。今後も、試食会を行ない広げていこうといっています」（澤浦さん）

商品開発は取り引き先の意見や要望と聞くと同時に、実際につくったものを味わいはどうか、料理にしたらどうなるかとテストする。コンニャク、漬け物加工場のすぐそばにはテストキッチンがあり、そこで実際にスタッフが料理をつくり試食を行なうのだ。取り引き先に食べ方を提案していくためだ。試作・試食は、ほぼ毎日行なわれている。

野菜くらぶの商品開発は、一次産業の生産から、二次産業の工業、三次産業のサービスまでを一体化した6次産業と呼ばれる。澤浦さんは、6次産業の持論がある。

「6次産業は手作業から始めるべき。ノウハウができて、農業の基本をしっかりやって始める。それと世の中にないものをつくるべき。例えば、イチゴジャムのようなどこでもやっている加工ジャムをつくっても特徴が出ない。一般的なものをつくってしまうと価格競争にさらされる。農産物の特性を明確にして、きちんと生産をする。生で売れるものをつくる。そこから加工が始まる」。

遊休地の再生可能エネルギー投資で新たな開発

実はコンニャク輸出の直前に大変な危機を迎えていた。２０１１年3月11日の東日本大震災と、それに伴う福島での原発事故である。

群馬県でも計画停電が実施され工場の日常の業務ができなくなってしまった。さらに放射能の影響があるという報道が出たことから、一時農産物が出荷停止となり、各地の販売先の店頭から群馬県産の産物が外される事態が起こった。

澤浦さんたちの農産物、コンニャクも危機に陥った。東京電力が保障を行なうという話を聞きつけ、いち早く交渉し、売り上げ減少の粗利の部分の保障を得た。

自らも、放射能測定器を購入して放射能検査を実施。そうして安全性を確認。トレーサビリティーを徹底させることにより、その翌年からコンニャクの輸出が始められた。

「これまで築いてきたお客さんとの関係と信頼が必要とされたということですね。そのことが今評価されている。今、改めて野菜が注目され、加工も注文が増えている。非常にいい感じになってきた。その1つが太陽光発電の実現でもあります」（澤浦さん）

環境の裏付け、生産ラインの整備、国際基準と同格の有機認証の取得という要因と併せて澤浦さんが強調したのが、再生可能エネルギーの導入計画だった。

震災直後、パルシステムの企画でドイツとデンマークを視察した。３・11前にはフランスにも行っていて、太陽光パネルや風車がたくさんある光景を目の当たりにして、ヨーロッパでは地方で農家が再生可能エネルギーに投資をしていることを学んだ。

そうして周辺の山間地の放棄地を使い太陽光発電を行なうというアイデアに至る。澤浦さんも２００３年から20キロワットの太陽光パネルを家屋に設置し、野菜貯蔵庫や加工場の屋根でも太陽光発電を行なっていた。それらのデータを分析。また通信大手のソフトバンクが毎日の発電量を公開しており、そのデータも合わせて発電量のシュミレーションをした。それをもとに地方銀行と信用金庫に融資を持ちかけた。

最初は多くの事業者や個人に呼びかけて連携事業として考えていたが、銀行から、多くの人が入ると決裁が遅くなるということで、新たに会社を興して単独事業とした。34億円の投資を受けて再生可能エネルギーの会社、ビオエナジー株式会社が生まれた。スタッフは1名である。

２０１６年3月、野菜くらぶの拠点となっている群馬県昭和村で10ヘクタール、すぐ近くのみなかみ町では7ヘクタールなど3カ所で、計９０００枚のパネルからスタート。土地は、休耕地や山林を一部は買い上げ、一部は借りた。

◆山間地に設置されたビオエナジー株式会社の太陽光発電パネル（群馬県みなかみ町）

山間地に設置された太陽光発電

みなかみ町の太陽光発電を見せてもらった。７ヘクタールに及ぶ山間地に太陽光パネルが広ひろがる。周辺は柵がしてある。獣害を防ぐためだ。

この地域は、もともと養蚕が盛んだった。明治期は、輸出産業のトップを走っていた。その後戦争で輸出が途絶え、戦後一部持ち直したものの化学繊維の普及とともに養蚕は衰退した。

この場所も30年以上耕作放棄地になっていたという。養蚕では化学肥料、農薬が使えなかったことから、野菜や果樹の転用が行なわれなかった。将来、養蚕を復活するとなった時に、農薬や化学肥料を使用した場所は使えないからだ。

やがて雑木や雑草が生い茂り、クマ、イ

ノシシ、シカ、サルなどが増えて周辺の農業への獣害被害もあったのだという。そこが一変して、新たな地域エネルギーの場に生まれ変わっていた。

太陽光発電所になっている場所は有機認証をとって、空いた空間にはお供えに使う榊《さかき》、ブルーベリー、山椒を植えている。またクローバーをまいている。大雨になっても雨水を吸収させるようにし、山から雨水がそのまま流出するのを防いでいるのだという。

農産物が成長したあかつきには、地域の障害者センターの通所者に収穫してもらうことを計画している。もちろん報酬も出す。この連携は早くて２０１８年にスタートするという。

「やっと始まったばかり。今後は、ここをベースにバイオマスも手掛けて地域エネルギーも生み出せるようにしたい」と澤浦さんは展望を語ってくれた。

野菜くらぶは、新たな持続的社会のモデルを切り拓いている。

第6章　エンドユーザーを見据えた集約型の米づくり

直販8割で実現する斬新な米づくり――有限会社横田農場

稲作というと、米価の低迷とか消費量の激減など厳しい側面がニュースで多く取り上げられる。そんななかで稲作を専門に集約農業を行ない、経営面もしっかりとしているのが茨城県龍《りゅう》ケ《が》崎《さき》市《し》の有限会社横田農場（横田修一代表取締役）だ。

龍ケ崎市は茨城県の南部。東京まで直線距離にして45キロメートルのところにあり都内に近い。このために住宅地として栄え、人口はここ30年で倍に増えている。多くの地方の市町村が人口減になっているのとは逆で、稀な自治体といってもいいだろう。駅前の住宅地から離れた郊外に、広々とした田園が広がっている。そこが横田農場だ。経営面積は１４０ヘクタールもある。このうち自作地は８ヘクタール。残りは借地だ。

横田農場の田んぼは、高齢化により稲作ができなくなった農家の田地を借り受ける形で、じょじょに広がっていったものだ。大きさは縦３キロメートル、横2・5キロメートルにもなる。

◆横田農場が新しく建てた乾燥と精米の施設

運営スタッフは11名。生産6名、精米2名、加工3名。それに米粉を使ったケーキショップがあり、こちらはパート5名が働く。

稲作というと、1つの品種を栽培して収穫して流通業者へ出すのが一般的だが、横田農場の場合はまったく違っている。実りが早いものから遅いものまでを組み合わせ、8品種を栽培する。時期をずらすことで、一つの機械をうまくローテーションさせているのだ。そのことで田植え、稲刈りなどの作業を分散させ、作業効率は上がり、コスト削減ができる。また異なる品種をつくることで、インターネットでの個人向けやレストラン、惣菜店など業務用の直販からスーパーへの卸し、酒蔵、煎餅店などには加工用の米を、他に飼料用米など用途の違う多様な販売先を確保できる。

栽培手法にもさまざまな工夫を凝らす。場

所によって、種もみを直接まく直播《じかまき》を行なったり、一部で緑肥（作物を収穫せずにそのまま耕して次期に栽培する作物の肥料にすること）や、雑草を抑える紙マルチ（紙でできた大きなロールを田んぼに機械で敷いて田植えをする方法。紙は自然に溶ける）などの実験的な試みも取り入れる。どんな手法が最適かという研究を行なっているのだ。しかもただ収穫して販売をするためというだけではなく、どんなところに提供するのかまでを考えているという。

「ふつうは農協出荷が多いと思いますが、うちは8割が自分たちで販売をしています。1割がインターネット。残り1割は卸し関係です」（横田さん）

消費者のニーズをきちんと聞きとりできる販売網のおかげで、品種、栽培法、収穫時期、販売、加工を、さまざまに組み合わせる米づくりという斬新な手法は実現する。そうして売り上げが伸び、雇用も生まれ、新たなチャレンジにつなげることもできる。

価格は平均をすると、1俵（60キロ）1万1０００円くらいだという。全体での売り上げは約1億5０００万円だ。

２０１5年3月には、自宅の近くに大きな乾燥施設もつくった。籾乾燥ができ、玄米まですることができ、精米もできる。１５０ヘクタールの米に対応できる大型の施設だ。今後の田んぼの拡充に備えての設備だ。

多品種栽培でコストダウン

栽培している米は、まんげつもち、あきだわら、乾直ゆめひたち、特別栽培米ゆめひたち、ゆめ

◆横田農場の田んぼと横田修一さん

ひたち、ミルキークイーン、鉄コーティング、有機コシヒカリ、特別栽培米コシヒカリ、コシヒカリ、あきたこまち、一番星の12作柄。

田植えの時期も、用途も、栽培法も異なる。早生から晩生までをそろえることで、作業効率を上げるという目的もある。使う田植え機やコンバインは、それぞれ1台だ。

「田植えは4月25日から6月25日まで。2カ月くらいずらして行なっています。収穫は8月20日から10月15日まで。分業化しているのでスムーズです。

田植えをする前の代掻《しろか》きは1人で60日間かけます。田植えは2人で2カ月かけて毎日。こうすることで作業の技術が上がり、洗練されてきます」

収穫、乾燥も分業化している。今は機

械化が進んでいるため、作業は大変でないとのこと。新しい品種や手法も積極的に試みている。

『『一番星』は極早生《ごくわせ》。茨城で2013年からできたもの。田植えの時期を前に伸ばそうとつくられた品種。4月25日に田植えをします。

『あきだわら』は、鉄コーティングした直播する稲。鉄の粉を籾種にまぶし包み、直接、田んぼにまくもの。鉄の粉の重みで水に浮くのを防ぎ、病害に強くなる。作業効率を上げ、収穫もずれることから、他の品種との組み合わせで収量を上げるとされている。圃場が均等で雑草が出にくいところに向いている。そうでないと不安定。これは5ヘクタール栽培をしています」（横田さん）

また田植えの際の苗を入れた育苗箱を、10アール当たり20枚を使っていたが、現在は平均14枚に減らした。

「あるときたまたま苗が足りなくて育苗箱10枚で植えた。それでも収量は遜色がなかった。苗は、20日から25日のものを植えていましたが、今では12日の若い苗を植えています。籾種を1箱に密にまいて育苗期間を短くして、早い苗を植える。すると短い期間に分けつ（枝分かれすること）をする」と横田さんは説明する。

つまり田植えの段階で苗の育苗期間を短くし、育苗箱を減らすことができ、コストと経費を削減して、一方で収量も確保できたというのだ。

「そのあといろいろと調べたり、視察に行ってみると、育苗箱の削減については石川県の株式会社ぶった農産、ヤンマー株式会社などですでに試みられていた。技術もあった。

最初の頃は、育苗箱は15～16枚に減らして、やがて14枚となりました。それで、収穫量は10アール当たり9俵（60キロ×9袋）となっています」と語る横田さんの熱意に驚いた。稲作にも、まだまださまざまな工夫の余地があると知った。

地域で連携して有機米にチャレンジ

横田農場では1998年から有機農業も一部で取り入れるようになった。

「農協出荷や米屋さんへの出荷のためではない。自分で売りたいと思っていた。農家がいい米を自分の努力と名前で売りたいと、父親がやってみたいと言ったのがきっかけ。

水持ちが悪く雑草の多かった田んぼで紙マルチを始めた。隣接する稲敷市で有機農業をしている人が紙マルチをしていた。機械を借りて試しにやってみた。やってみると雑草が出ない。

最初は、肥料は化成肥料を使っていましたが、直販しようとなって、2年後に有機JASを取得しました。紙マルチは4ヘクタール。これは直販とネット、スーパーで販売しています」(横田さん)

肥料においても、酪農家や養鶏農家との地域連携などを行なっている。

「市内の酪農家が堆肥をつくっていたことから、その堆肥を使っています。150～200トン。収量もいいし地力も戻る。10アールで500キロ。多いところは1トン。有機栽培だと2トン入れています。

うちではもみ殻が出ます。それを牛舎に敷いてもらい、取りだして積み上げ、それを切り返して発酵させると、やがて堆肥になる。そして肥料となって戻ってきます。30ヘクタールでの特別栽培米で使っています」（横田さん）

養鶏場との連携では、鶏糞をペレットにしてもらい、飼料米用として10ヘクタールで使用している。飼料米は、政府補助が10アール当たり8万円出る。

「おととし（2013年）鶏糞を基肥《もとごえ》（苗の植え付け前に入れる肥料）に使ってみたのですが、化成肥料と遜色がなかった。生産コストは、化学肥料と比較をしてみると高くない。未利用資源を使った方がいいのではないかということから利用をしています。化学肥料も価格が高くなっている傾向があるので、うまく未利用資源を使う工夫が必要になります。おかげで養鶏農家と仲よくなりました」（横田さん）

さらに緑肥も80アールで試みているというのだから、探求心旺盛だ。

「緑肥はマメ科の緑肥作物ヘアリーベッチです。緑肥を使うと、基肥はゼロですむ。遅い品種で用いています」（横田さん）

環境に配慮した緑肥を使う有機の取り組みには、環境保全型農業直接支払交付金として国から10アール当たり4000円の補助が出る。また、米の直接支払交付金という販売目的で生産する販売農家、集落営農に対する国からの補助もある。かつて10アール当たり1万5000円あったが、現在は半分の7500円。2018年にはなくなる方向だという。今後TPPのことを考え、環境への配慮をより徹底させるならば「環境直接支払」をもっと充実させる方向があるべきだろう。

これらの横田農場でのさまざまな試みは、新たな技術の取得、場所も条件の異なる田んぼに合うかどうか、コストの削減など全体のバランスを考えながら行なっているという。

「新しい技術といっても、昔の技術を大事にしながら、活かしていくことが、自然の環境に対応できるものになっている。昔の技術にインスパイアされてもいる。うちではプール育苗をしているが、昔は田んぼで水を張って行なっていたこと。原理は同じなんです。やり方を変えることでコストも下げることができる。農家の努力も必要です」と横田さん。

横田農場のもっぱらの課題は、田んぼの維持費だ。借地代が10アール当たり年間1万5000円かかる。これに土地改良費として用水の維持管理費用が10アール当たり1万円かかる。水ポンプの電気代も必要だ。

「管理費と土地代は、どんなに経営努力をしても難しい面がある」と横田さん。

この点ばかりはなんともし難いとのこと。今後の先進的な農業とTPPを勘案するならば、やる気のある専業農家への補助はもっとあってもいいのではないかと思うのは、私だけだろうか。

客観的な評価やアイデアを取り入れる

横田農場は、そもそも家族だけで営んでいた。現在代表を務める横田さんは、親の稼業だった農業に親しみを感じ、幼い頃から農業を継ぎたいと思っていたそうだ。そして大学を卒業後に本格的に農業を始めた。周辺では後継ぎのない農家もあり、そんな農家の農地を借り受けていくうちに、大規模化していった。1996年に法人化。2年後には消費者への直接販売をするようになった。ホームページを作成することから始まった。

「かつては米を出荷しても、どこの誰が食べているのかわからず、客観的に評価されることがなかった。ホームページとダイレクトメールで、お客さんの評価が来るようになった。

袋やシールが破れているといったクレームも来るようになった。それを改善していくことで、お客さんに育ててもらったようなもの。そこから自信が生まれて、スーパーでの販売にもつながった」

ホームページからの販売は、順調に売り上げを伸ばし、全体の6割、5000名にまで伸びた。ところが2011年3月11日以降、福島での原発事故の影響で茨城県でも高い放射線量が計測されたという情報が流れたことから、キャンセルや返品が相次いだ。他方、地元のスーパーは計画停電によって、品物がそろわなかったり、営業が難しいという事態が起きていた。

そこで逆に地域の連携が生まれた。地元での販売が広がり、現在では地元スーパーの7店舗で販売されるまでになったのだ。困難に直面したことで、乗り切るための新たな動きが生まれたのだ。

また、消費者との接点をつくることで新たな販売先や売り方を開拓してきた横田農場の試みの一つに、お米のパッケージがある。次ページの写真を見てもわかるとおり、かわいらしい子どもたちの笑顔が輝いている。これが人気を博した。パッケージは、プロのデザイナーによるもの。

最初は生産者の自分たちの顔写真を掲載して、ホームページで米販売をしていた。しかし素人ではなかなか思うようにできず、知人のつてでプロに頼むことにしたそうだ。横浜にいるというそのデザイナーを訪ねていったときのことを横田さんが教えてくれた。

「プロに任せておけばできると思っていたら、そうではなかった。デザイナーの方に、どういう思いでお米をつくっているのか、誰に売りたいのか、ターゲットはどこなのか、いろいろと聞かれた。

最初みんなに売りたいと言っていたら、それは無理といわれた（笑）。

こちらの思いを話しているうちに、子どもたちに食べてもらいたいというのが、見えてきた。それだったら、若いお母さんが対象ですねということになり、デザイナーの方が、うちの子どもたちをパッケージに使おうとなったんです。デザイナーの方と話をしていくうちに、私たちが目指すものが見えてきたんです」

このパッケージが評判を呼んだ。スーパーの店頭でも好評で、大きく売り上げを伸ばすことにつながった。

女性の視点で消費者とつながる

◆子どもたちの顔写真が入ったパッケージ

横田農場の新たな消費者との接点をつくりだす試みの一つにおもしろいものがある。

地域の親子などに田植えやおにぎりづくり、餅つきなどをしてもらう体験イベントだ。2003年から始まった。

「きっかけは妻の言葉でした。彼女は団地暮らしが長くて、田んぼをじっくり観察したことがなかった。うちに嫁として来てすぐの頃、田んぼの手伝いをしていて、『田んぼで動いているものがいる』と言ってきた。田んぼにいるカエルたちだった。僕は当たり前と思っていたのだけれど、せっかく小さな生き物たちがいるから、子どもたちに見せようとなった」

横田さんが、妻の祥《さち》さんと出会ったのは、茨城で行なわれた熱気球大会。横田さんが39歳のときだった。彼女が大学卒業してすぐに結婚したのだという。

祥さんの提案で田んぼの体験が始まった。市の広報、ホームページ、市の若いお母さんたちのネットワークサイトなどで呼びかけをして、第1回の田植えには30名以上の親子が集まった。

「何のためにやるのかを考えました。教育の視点が必要だと。お米のことを知ってもらい、生き物を体験して大事にしてもらおう。田植えの作業をして田んぼの生き物を見る。圃場の整備のこと、生き物のこと、それらを含めて消費者に知ってもらう。日本の田んぼに価値があるということを、難しいことではなく、ありのままに見てもらうことにしました」と横田さんは語るが、これは国の定めた「食育基本法」や「学校給食法」でも謳っている、生産から消費まで伝えるという理念にぴったりと合致した活動でもある。

北西に隣接する牛久市にある「自然観察の森」の専門家に来てもらい、田んぼで暮らす生き物の解説をしてもらったり、市民活動センターから臼や杵を借りて餅つきをしたりする。地域の連携が広がり、春、秋の2回の定例イベントとなった。参加費は無料。小学生、保育園、スーパーの客、直販のファンなど、トータルで400名近くが集まる大きな広がりとなった。

ほとんど営業らしきものはしていないというが、地域のつながりが、結果的には販売につながっ

◆横田修一さんの自宅の庭にあるシフォンケーキの加工場と販売所

ているのだ。

さらに注目は、妻の祥さんが始めた米粉のシフォンケーキの販売だ。２０１０年から始まった。子どもに体にやさしいおやつを食べさせたいという母親の思いがきっかけになっているという。ちなみに横田夫妻にはお子さんが6人いる。

粒が大きくて値段がつかないような米を製粉して、米粉を使う。やがてイベントで販売するようになり、近くの直売所「ポケットファームどきどき」でも販売するようになった。

２００９年、自宅のそばにプレハブの加工場と小さな販売店をつくった。今では店舗、近所のスーパーや直売所での月の売り上げの合計は70万円近くになる。

「スタッフは全部女性。メニューはみんなで考えました。シフォンケーキだけで22

◆横田祥さんと人気のシフォンケーキ

種類あります。夏はあまり売れないので、チーズケーキを出したりしています。スタッフは同年代のお母さんたち。仕事をしているので楽しい」と祥さん。

常時４名のパートに来てもらっている。ちなみに時給は８５０円だ。

シフォンケーキは農業経営の規模を大きくするのが目的ではないという。お米のことを知ってもらう活動の一つだ。

「本当はこちらに来て食べてもらう場が必要なのでしょうね」と横田さん。

地域内外の客と直接つながり、社会的にも地域貢献し、経済活動にもつながり、新しい農業へのチャレンジも怠らない横田農場の姿勢には、多くの生産者にも学びがあるだろう。

お惣菜からお弁当・お餅まで食べ方を提案する――株式会社六星

石川県金沢駅に直結したショッピングモール内にある「すゞめ」という17坪の小さなお店がある。ここで販売されている「塩豆大福」は新しい金沢みやげとして国内外の観光客や地元の人から人気を博している。店頭には餅つき機があって、その日に販売する大福用の餅は実際にこの機械でついている。

この店舗を経営するのが、株式会社六星《ろくせい》（軽部英俊社長）だ。生産組合から転じて2007年に法人化した。もち米から栽培をして、人気の大福を開発、販売しているのだ。

つきたてのお餅でつくる大福はつやつやしてなめらか。しなやかで柔らかく、かぐわしい。小ぶりで、ついちょっとつまみたくなる。値段も手ごろでうれしい。表面に凹凸がある。それは、豊かな黒豆が包まれているから。中心には小豆餡がしっかりと入っている。お餅と餡と黒豆の調和がほどよく味わいと食感に食べる喜びがこみ上げてくる。

小さな大福だけれど、ちょっと幸せをもたらせてくれる。よくできているなあ、と、しげしげと、思わず見つめてしまう。賞味期限を聞いたら、なんと「その日」だという。

和菓子店「すゞめ」は、六星がはじめて外部のデザイナーに依頼してつくった店舗だ。開発に携わった専務・宮城《みやぎ》円《まどか》さんは、次のように語る。

「私たちのつくるできたての和菓子を、人にあげたくなるような仕掛けをつくりたかった。そこでパッケージをつくるところからデザイナーに頼みました。これは店の商品としてはじめて。たま

◆金沢駅直結のショッピングモール内にある和菓子店「すゞめ」の店舗

たま北陸新幹線が開通し、金沢駅が大規模にリニューアルするというタイミングだった。

デザイナーはうちの和菓子のファンでもあり、金沢では著名な方。持ってこられたアイデアが、スズメだった。

『なに、これ？　なんでスズメ？』と訊ねたら『スズメはお米が好きでしょう』と。

お米好きなスズメが訪ねてきたら、農家のつくる田んぼに行きついたというイメージだと。今までとは真逆の発想だった。

それまでは農家の店『六星』がつくった大福、として売っていた。しかし、おしゃれでかわいい和菓子がある。それを訪ねたら農家がやっていた。それが信頼につながると言われたんです。

スズメというアイコンは、海外から来た人にも注目してもらえた。目についてわかりやすい」

金沢駅のリニューアルとともに販売したところ大ヒットになった。

「最高に売っても500個くらいだろうと思っていました。ところが、開店と同時にあっというまに1000個売れた。つくっても追いつかない。結果その日は3000個も売れたんです」と宮城さん。今ではもち米が足りないほどだという。

そして2016年12月に近江町市場内に「すゞめ　近江町市場店」をオープン。市場は金沢の台所ともいわれると。鮮魚店、青果店、飲食店などが並び、昔ながらの風情が人気となっている。

新幹線開通後、さらに人があふれるようになった。「すゞめ　近江町市場店」では「塩豆大福」「豆板ぜんざい」「豆板餅」などを販売。県の積極的なインバウンド対策もあり、外国人観光客も多く訪れる人気店となった。デザイナーの言ったことが現実になったのだ。

生産者が経営する米屋と惣菜屋とレストラン

宮城さんは、金沢市内の住宅街で六星の直営店で、お米と関連食品の販売店にレストランを併設した店舗の開発にも携わった。2011年に生まれた「むっつぼし金沢長坂店」だ。100坪ある。年間の売り上げは3億円という。

お店に入ると、入口近くにレストラン、目の前には惣菜や弁当コーナーがある。すぐそばには、できたての塩豆大福が並ぶ。奥には米の販売コーナーがある。その前に棚には、しょうゆをはじめとした調味料、乾物など米を食べるのに欠かせない関連商品がたくさんある。お米を食べるために必要なものをセレクションして置いているのだという。

◆「むっつぼし金沢長坂店」の弁当販売コーナー

弁当は、季節感を出しオリジナルでつくったおかずが詰まっている。韓国料理風やちらし弁当やパエリアなど、見た目も美しい。野菜もたっぷり入っている。宮城さんは、時間があると百貨店やスーパーなどを見て回り、人気の惣菜や弁当などもチェックしているのだという。

顧客の8割が女性。宮城さんが、アイデアを出すこともあるが、最終的に商品化するのは女性スタッフだ。

若いスタッフの活躍

宮城さんの生まれは京都。新潟大学農学部を出て、六星に就職した。

スキーが好きでよく長野県に行ったという。宿泊先のペンションで出会った地元の農家で夏と秋に農作業のアルバイトをし、そこから農業に興味を持ったのだという。しかし当時は就農に関しての情報はほとんどなかった。

宮城さんが大学４年のとき、東京・池袋で「新・農業人フェア」が初開催された。１９９７年のことだ。農業法人がブースを出し、就農者を募集する展示会だ。新潟から夜行バスに乗って出かけた。

ここに六星も出展していた。そのブースに立ち寄ったのが出会いだった。六星に転職して間もない頃の現社長の軽部さんと話をしたのだという。

軽部さんからは、農業は簡単にはできない。できれば、一度どこかに就職して、それから来たらどうだ、と言われた。そのときは六星には興味はわかず、ブースを出している別の法人のパンフレットをもらい、それを便りに何カ所か連絡し、ツナギの作業着のまま飛び込み「お手伝いさせてください」と、一人インターンシップをしていたのだという。

「そうすると、いいよって、手伝いをさせてもらえる。すると夜にお酒と食事を出してくれて、農家のことを話してもらい、農業のことを知ることができた」

ある時、石川県の別の法人に行く機会があったので、ついでに近くの六星も訪ねてみた。

「行くと、会長の北村歩さんが泊めてくださった。そのときに、これから農業が変わる。力を貸してくれ、と言われた。それまでいろんな農家を訪ねたけれど、そんなふうに学生に言ってくださったのははじめてで、ここで働こうと思ったんです」と、宮城さんは振り返る。

六星に入ってすぐに野菜を任された。ダイコン、キャベツ、ハクサイ、レタスなど合わせて１ヘクタールの畑だ。経験はない。しかし受注先とはすでに契約が決まっていたという。しかも無農薬というオーダー。農協の指導を受けてやってみたところ、肥料設計を間違い、収穫時期に虫食いにあってほぼ全滅した。

翌年はすべての肥料設計を見直し、2年目以降はうまくいったという。

ところが実際に野菜つくりを始めていくうちにむなしさを感じるようになったという。

「近隣の人から、肥料やたい肥が臭いと苦情がきたこともあった。農業を20代の若者が頑張っていてえらいねえ、と声を掛けられることもあるけれど、『ところで、どこのあんちゃんだ』と。六星自体が地元に知られていなかった。なんとかしたいと思っていた。本店の前に六星のショールームがあった。米と餅と季節の野菜を売っていた。売り子も常時はいなかった。売り上げは年間で1500万円くらい。いい場所なのにもったいない。本格的に直売店をやるといいのにと、ずっと言い続けていた」（宮城さん）

当時、北村会長から先進地を見に行こうと誘われたという。視察先はレタス栽培で有名な長野県川上村、キャベツで有名な野辺山などだった。群馬県の草津温泉に北村会長と泊まった時、北村会長から「店をやりたいと言っているが本気か」と訊ねられ「本気なら任せる」と言われたそうだ。

こうして直売所ができることになった。宮城さんが入社して5年目のことだった。

当時、そのショールームは平日しか開店していなかった。それを土日も営業することにした。最初はほとんど客が来なかったので、土日は店頭で焼きおにぎりを焼いたり、イベントでポン菓子をした。じょじょに客足は伸びていったが、相変わらずお米は売れない。とにかく食べてもらうのが一番と、おにぎりをつくって販売を始めた。そこから消費者のニーズに合った弁当、総菜へと広が

◆弁当、惣菜、和菓子、野菜などが並ぶ直売所「むっつぼし松任《まっとう》本店」

り、米の販売、餅の加工・販売、さらなる加工品開発へと広がることとなる。

イベントはさらに広がった。田植え体験、稲刈りや、トウモロコシ、ミニトマト、エダマメなどの野菜収穫体験、田んぼに入っての泥んこの運動会など。地域にも知られるようになり、近郊の人たちが買い物にもやってくるようになった。

この頃から、若いスタッフを積極的に採用し、六星は大きな発展を遂げることとなる。

石川県最大の稲作の法人

株式会社六星は石川県の南部、白山市にある。請負の耕作で石川県で最大規模の稲作農業法人だ。従業員数は社員36名、パート・アルバイト81名（２０１６年４月１日現在）。米１３５ヘクタール、野菜５ヘクタールをつくる。売り上げは全体で11億円を超える。

周辺の農家が高齢化し、農地を借りてほしいとの要望から田んぼが増えていった。面積は東京ドーム約30個分になるという。

米は、ハナエチゼン、コシヒカリ、もち米など5種類を栽培。田んぼの約4割で白山もちという品種のもち米を栽培をしている。

そもそもはお米や野菜などをつくる4名の農家の集まりだった。設立は1977年。30年の間に生産組合、有限会社などに形を変え、2007年に株式会社化した。農産物の生産、加工（餅・和菓子・惣菜）、販売（卸・通販）、直売店（物販・レストラン）までを手掛ける。

創業メンバーである北村会長の娘の旦那さんが、現在社長を務める軽部さんだ。当時大手建材メーカーに勤めていたが、北村会長に口説かれ六星に転職し、その後、社長に就任した。

「個人農業から集団での農業の先駆けでした。義理の父・北村と他3人の実質4人での共同経営で始まった。最初に取り組んだのは野菜。JAで販売をするためのものだった。ところが野菜の価格は乱降下が激しい」（軽部さん）

そんな頃市の依頼で特産品を開発してみないか、ということで地元の米を使って、昔ながらの豆の入ったかき餅をつくった。それを東京のデパートの物産展で販売したところ大好評。ヒット商品となった。東京には、就職などで石川県から出てきた人が多くいた。そんな人たちが東京にない、懐かしいと、こぞって買い求めてくれたのだという。

軽部さんもデパートの催事に出た。1年間52週のうち30週は催事に出かけたというからすさまじい。しかしそれを機にデパートや高級スーパーなどへの販路が広がり、直接の売り先が拡大した。

米栽培から餅加工という新たな展開が始まる。顧客名簿も増えて、ダイレクト販売も始まった。

「ずいぶんとデパートの担当者にかわいがってもらいました。ところが彼らには異動があるんです。そうすると売り上げが途端に下がってしまう。そこだけに頼っていてはだめだと感じた。新たな販路が必要だと」（軽部さん）

白山市の田んぼの横に直売所「むっつぼし松任《まっとう》本店」が生まれたのが、２００４年。

「もともとお餅、お米、野菜が主力でした。でも直売をしても、お米は毎日買いにこない。冬場は野菜も採れない。毎日、購入してもらえる和菓子、お弁当、お惣菜など、できたてを出し、日常的に利用してもらえることを意識しながら店舗をつくってきました」と軽部さん。

２０１１年、住宅街に「むっつぼし金沢長坂店」が生まれた。レストランも併設したお店は大人気店となった。かわいらしいお店だ。そして２０１４年に「金沢百番街すゞめ」が開店した。

さて六星のイチオシ商品である塩豆大福だが、これはスタッフの「塩味の効いた豆大福があってもいいんじゃないの」の一言から生まれたのだという。研究熱心な宮城さんが、大福の人気店を京都や東京にも訪ねそれぞれの特徴の研究を重ねている。

「私たちのつくるもち米、白山もちはなめらかで白いお餅ができる。コシが強いというより、大福にするとやわらかい。餅の感じが強い大福になる。黒豆、小豆は北海道産です」（宮城さん）

「すゞめ」では、その日に蒸したもち米を餅つき機でついて、３〜４名でせっせとまるめて販売をするのだという。新幹線の停車駅でもある金沢駅にお店ができたことで、観光客も気軽に購入できる。

第7章 地域の環境・文化を活かして新たな価値を創造する

農業と観光を組み合わせたブランド化の試み――農業生産法人有限会社伊豆沼農産

宮城県登米市の農業生産法人有限会社伊豆沼農産（伊藤秀雄社長）は、レストラン、体験教室、直売所など、複合型の農業・加工・直販の事業体として注目されている。

施設の隣には大きな伊豆沼の沼地、周辺は稲作地帯。お米以外の多様な農産物を生産し、客にさまざまな農村体験をしてもらう複合型ツーリズムの形態は、これまで周辺では皆無だった。伊豆沼の野鳥観察や、地元新田地区の食文化の再発掘などの地区活動、環境・暮らし・自然を学ぶ講座を主催し、地区全体と連携してツーリズムを展開するなど、地域のリーダー的存在となっている。

社員20名、パート20名が働く。売り上げは全体で5億円。東北新幹線くりこま高原駅から車で15分という場所。仙台市から約25分。東京から2時間30分で行けることもあり、市外からも客が集まる。農業が、加工、販売、特産品販売、そして観光にもつながる、新しいツーリズムのモデルといってもいいだろう。

◆伊豆沼農産の直売所

実は、筆者は２００３年にも伊豆沼農産を訪ねている。当時は伊豆沼のそばのログハウスづくりのレストランで、それほど大きな施設ではなかった。ところが今回訪ねたら、建物も大きくなり、瀟洒な飲食店、ウインナーづくりの体験教室、直売所と加工所はそれぞれ別棟になっていて、周辺に畑もある。総合型の体験ファームの形態だ。若いスタッフもいて、雇用も生まれている。

以前、この地を訪れた理由は伊豆沼にある。水鳥の生息地として国際的に重要な湿地を保存するラムサール条約の登録湿地となっている。そのこともあって、この地域では野鳥と湿地・沼地の環境保全が早くから取り組まれてきた。調査・研究では産官学の連携・協力が行なわれた。水田でも生物多様性に配慮した栽培法がとられるようになった。その仕組みを筆者に教えてくれたのが、伊豆沼農産と共に活動する「日本雁を保護する会」の呉地正行さんやＮＰＯ「田んぼ」の岩渕《いわぶち》成《しげ》紀《き》さんたちだったのである。

この地域のノウハウは、やがて兵庫県豊岡市にもたらされ、コウノトリの放鳥にもつながる。筆者がかつて請け負った兵庫県豊岡市の「コウノトリ育むお米」の東京での販売プロモーション事業に際し、伊豆沼で知った生物多様性の田んぼの生き物調査を具体的にテキスト化すること、そしてスポーツ栄養士のこばたてるみさんや料理家の馬場香織さんと組んで、マスコミと女性を主体に健康と美容とエコロジーをテーマにアピールを行なった。つまり農産物の見える化である。

そんなこともあって、伊豆沼に対する思い入れは大きい。

ユニークな生ハム熟成のオーナー制度

2015年3月からユニークな試みが始まっていた。生ハムのオーナー制度だ。

敷地内にある生ハムの熟成施設には骨付きの生ハムが下がっている。1年間の熟成預かりで料金は4万円。計3回必要な仕込みのうちの1回を体験をしてもらう。ガラス張りの熟成室はしっかりと衛生・温度管理がしてあり、残りの2回の仕込みも含めてスタッフが管理している。

熟成生ハムを食品店で丸ごと販売するというのは、イタリアではよく見掛けるスタイル。だが生ハムの熟成を預かって行なうというのはめずらしい。熟成預かりには現在200名が参加。最高600名まで受け付けている。

ワインの普及もあって、新しい食の提案としても注目のものだ。養豚から加工までできるノウハウの蓄積のたまものだろう。

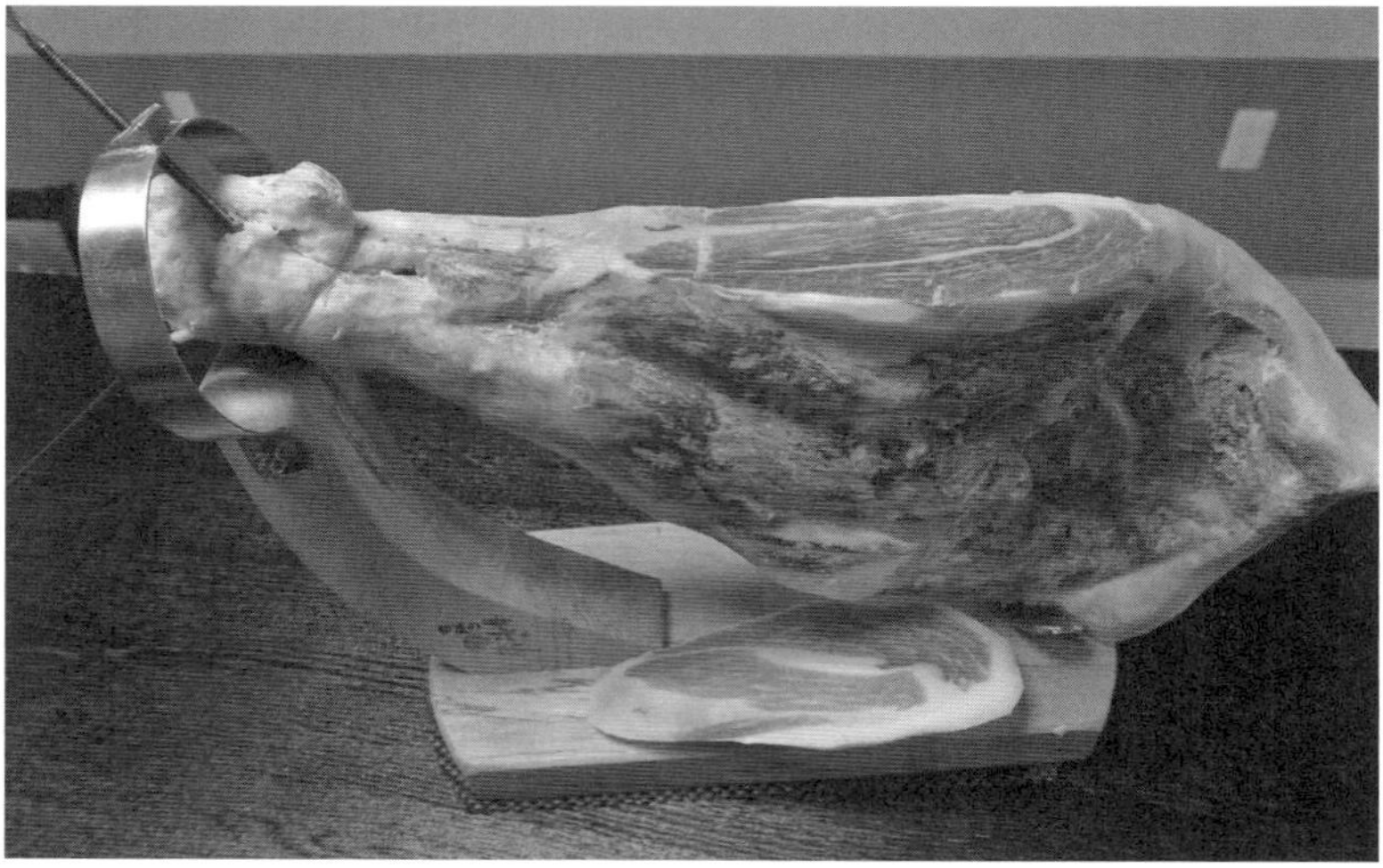

◆自家製の熟成生ハム

自社農場をはじめ12軒の農家と契約し、計2000頭のブタを飼っている。メインとなっているのがデュロック（赤豚）の品種で「伊達の純粋赤豚」で商標登録をしている。一般に養豚は、品種と性質の異なる豚を3種類ほど掛け合わせることが一般的。純粋種の肉豚化は多くない。最高級品種は香港にも輸出されている。

「赤豚は2000年に県の試験場で『しもふりレッド』ができて、登米市で肉豚をつくり、デュロックでいけると自信を持った。餌は米粉も使っています」と伊藤さん。豚は生後6～7カ月かけて出荷。市内で食肉処理される。

デビューは2002年、あえて鹿児島の三越で販売した。鹿児島といえば黒豚。こちらは赤豚でブランド化しようというわけだ。このことが大きなアピールになったというからおもしろい。

レストラン・直売所などの周りの3・2ヘク

タールは、新たにオーナー畑も開設した。年間使用料10坪5000円で貸し出す。「カメラで畑の様子を見ることができるようにしています。地域の方たちに協力してもらって管理・運営をお願いするものです」（伊藤さん）

来場者にレンコンを収穫してもらうレンコン畑も5アールあり、味わいがよいことから好評。今後は10アールに拡大予定だ。

レストランのそばにはウインナーづくりができる体験教室がある。

農業体験の参加メンバーを広げ、広く知ってもらうために機関誌も年2～3回3500名に発行している。ファミリー会員は年会費1000円で食事券、商品券などのおまけが付く。フレンド会員には100円で情報のみを配信するというもの。会員制にすることでコアなファンをつくっていくというものだ。

新たに生まれた直売所には90名が出荷。伊豆沼農産のハム、ソーセージはもちろん、地元農家の野菜、果樹などが販売される。売り上げは1億円だ。普通車用45台、大型バス3台分の駐車場も備えている。

規模拡大から消費者ニーズに合った加工・販売に転換

社長の伊藤さんは、稲作や養豚をする農家の長男として生まれた。高校は普通科に入り、大学進学を目指して予備校に通っていた。しかし、18歳のときに親が急逝したのを機に、農業経験のないまま就農したという。1975年のことだった。

田んぼのこともわからぬままだった伊藤さんのスタートは、近所の方たちに教えてもらいながら、稲作と養豚母豚30頭（年間６００頭出荷）からだった。規模拡大を目指し、農協を通して市場に多く出すことを目標にしていた。その頃としては、一般的な方向だったといえよう。

「当時は、自分で付加価値を付けて販売をするというのはなくて、コストを下げることだけを考えていればよかった。そのために規模拡大を目指し、水田１００ヘクタール、養豚で１００頭の一貫経営を目指しました」（伊藤さん）

ところが規模拡大をするには大型機械が必要になる。養豚は大型化すると、稲作地帯だけに糞尿処理場が必要で、設備に数千万円かかることがわかった。農業の拡大化に次第に疑問を持つようになったそうだ。いったい、どこに販売をして誰のためにやっているのかというわけである。

「最終的には、消費者にわかってもらう。消費者の視点でつくることに気が付いた」

１９８０年に岩手県一関市に有限会社一関ミートが設立され、「いちのせきハム」が生まれる。東北で養豚と加工を連携させる、これまでなかった試みだ。伊藤さんは、さっそく見学に出かけ交流を始めた。

伊藤さんは一関ミートについて「養豚から加工販売を始めたところです。サイボクハムに近い」と説明する。サイボクハムとは、１９７９年に埼玉県日高市にハム、ソーセージの加工、販売からレストランまでを展開した会社だ。埼玉県で種豚育成から始まり、養豚場を東北に持つ。農産から料理までを消費者に届けるファーム運営の先駆けとなった。

見学・交流で大いに影響を受けた伊藤さんは、１９８８年ＪＡの農業近代化資金から２７００万円を借りてハム加工所を建設。ログハウスのレストランも同時にオープンしたが、こちらは農業資金を借りることはできなかった。というのは当時、レストラン経営は農業者の事業として認知されていなかったからだ。「農業を『食業』に変えるという理想を掲げてのスタートでした」という。

当時は、まだ周辺で農業からレストランという例はなかった。ドイツのマイスターを招聘しハム、ソーセージ、ベーコンづくりのノウハウを習い、人手がないなかで伊藤さん夫婦とアルバイトを雇って開業にこぎつけた。

「稲作の生産組合をつくり、30ヘクタールの田んぼを作付けしていた。その集会、労役がある。養豚もしているので餌をやる。夜は経理、次の日の仕込み。そんなことが1年間続きましたね。体力がないと創業は難しいと思いました」と伊藤さん。

3年間は赤字だったという。それでも2年目で売り上げは3000万円になった。

「当時はバブルでこちらの都合の価格設定ができた。自家製の熟成ハムは、消費者に教えなきゃと思い込んでいた。身近な人や親戚縁者に農業関係者以外いない。だから農業関連以外の情報がないんですね。レストランをやってはじめて、農業以外の人に接することになったんです。こちらで人は選べない。そうすると、お客さんのニーズに合わせて商品も値段も決めていかないといけないということがわかってきた」（伊藤さん）

複合型ファームのこれから

当時、熱心に通ってきて応援してくれた人に地元の雑誌の編集長がいたという。伊藤さんは、彼女に同じ加工業のカマボコの有名なところのスタッフを紹介してほしいと頼んだ。ハム、ソーセージの加工のヒントが得られないかと思ったからだ。ところが、すごく怒られた。「経営者なら、直接、相手のトップの方に正面から交渉をしなさい」と諭されたのだという。このアドバイスを受けて、経営者としての心構えを学んだという。

「そこから収支決算、バランスシートの重要性を学びました。経営者の心得、理念を持たないといけない」と、経営を見直した。会社方針も成文化した。２００４年のこと。

三重県伊賀市の「伊賀の里モクモク手づくりファーム」の創業メンバー、吉田修さん（元専務、現在引退）の影響も大きかったという。１９８８年創業で、養豚から加工、レストラン、通販までを展開した6次産業のトップランナーと評されるところだ。

実は、これにはエピソードがある。

「お米を入れたソーセージ開発をしたんです。そしたら、同じようなものをつくっていた会社があった。調べたらモクモクさんだった。それで会いに行きました」と伊藤さん。

モクモクにはスタッフもインターンシップとして送り込んだ。体験教室を通して誘客する仕組みを学んだのだという。これによって、伊豆沼農産には農業体験に年間３０００人が訪れるようになった。

先鋭的な取り組みをしているという噂を聞けば、伊藤さんはその現場に出向き、ノウハウを学び、伊豆沼農産のスタイルに取り入れていった。そしてこの頃から方針が大きく変わる。

「お客さんのニーズに沿ったメニューをつくり始めた。イージーオーダー。たった一つの味をつくる。30キロのロットからだったらできる。100パック、200パックのソーセージ。相手に、少し辛みがほしいと言われたらそれに応える」（伊藤さん）

この試みも地域の飲食店などから好評だった。今では仙台市内のレストラン、居酒屋、食品店などとの取り引きも生まれた。バイヤーの提案を受け、値頃を決めて、パックし、どこの誰に売るのか、そこから値段を決めていくというものだ。少しのロットでオリジナル性を出していくという方法だ。

伊藤さんは今後の方向としては、地域全体の環境を活かして観光の要素を加えて誘客とブランド化に向けていきたいと言う。

「伊豆沼全体の地域ブランドに広げたい。ラムサール条約の登録湿地、地域の自然の豊かさ。それを有効に使いたい。それと農業をリンクさせる。都会の人にこちらに来てもらい、豊かな自然の価値を味わってほしい。地域のことを伝えたいですね」（伊藤さん）

今後の農業・観光・特産品の形を考えると、農家での宿泊、農業体験、地域のものを食べる、そして環境そのものが観光資源になるという複合型は、今ではヨーロッパの農業では主流。国内でも、複合型のスタイルは、各地で生まれ始めていて、雇用をはじめとした経済効果も生み出している。伊豆沼農産の活動は、今後もっと注目されるだろう。

海外品種栽培で大きく飛躍——さいたまヨーロッパ野菜研究会

埼玉県さいたま市では、イタリアやフランスなどヨーロッパで食べられている野菜がふんだんに使われる飲食店が増え始め、大きな話題となっている。これまで国内では手に入りにくかった野菜を、地元の若手農家が新規に約60種類も栽培し飲食店に供給。本場イタリアやフランスで料理を学んだシェフたちも、本格的な料理がつくれると太鼓判を押す。

はじまりは、市内の種苗会社がイタリア野菜の種を販売したことだ。最初は栽培する農家がいなかったが、イタリアンレストランの経営者が着目。さいたま市の公益財団法人「さいたま市産業創造財団」と共に事業支援に乗り出した。種苗会社と農家をつないで野菜を試験的に栽培し、レストランに働き掛けて実際に使ってもらう。そうして需要があることが判明し、本格的な栽培につながった。

種苗会社は種が販売できる。若手農家はレストランがほしがる野菜を栽培することで、売り先が確保される。レストランは地元で栽培される新鮮な野菜を扱えることで、他のレストランとの差別化ができ、オリジナル料理を客に提供できる。

各レストランへの野菜の配送は、地元の飲食店向けの流通業者が請け負うことになった。収穫した少量多品目の野菜を直接、レストランに必要な分だけを個別に配達してもらう。そして出荷場はJAから借りることができた。ここが集配の拠点となる。こうして種苗会社、農家、配達業者、レストランとさいたま市の支援で新たな仕組みができた。

2013年、この取り組みに参加したメンバーでさいたまヨーロッパ野菜研究会（北 康信会長）を結成。新たな仕組みにより、県内1000軒以上に、これまでほとんど栽培されていなかった海外品種野菜が納入されるようになり、農家の出荷額、卸の売り上げ、レストランの売り上げを含め

◆農事組合法人 FENNEL の若手農家メンバー（写真提供：さいたまヨーロッパ野菜研究会）

た、ヨーロッパ野菜に関連する売り上げ額の累計は7億円にまでなった。

農家は、若手生産者が共同で農事組合法人FENNEL《フェンネル》（小澤祥記《おざわよしのり》代表理事）を結成している。最初は4名から始まり、お互いノウハウを学び合いながら仲間を増やし現在メンバーは11名となった。

国の新規就農支援事業「農業次世代人材投資資金」を活用し、新規就農者を迎え入れた。販売先も決まっていて、必要とされる野菜を栽培するので、農業として明確なビジョンを持ちやすい。

潜在的な需要をマッチングさせる

さいたまヨーロッパ野菜研究会の事務局は、さいたま市産業創造財団のなかにある。この財団は、全国の他の政令指定都市にある制度と同様の仕組みで、中小企業経営者の起業支援、制

◆さいたまヨーロッパ野菜研究会が作成したレストランガイド

度融資、大学連携事業などを行なっている。

さいたまヨーロッパ野菜研究会は次のような支援を実施している。

①野菜栽培研究のコーディネートと栽培戦略策定、実行支援

——研究会メンバー・支援機関の役割分担や利害関係の調整を含む

②研究会メンバーの経営改善サポート

——マーケティング支援、産学連携、補助金の獲得支援、販路拡大のための経営相談など

③研究会事務局としての業務

——広報、マスコミや顧客からの問い合わせ・取材対応、活動資金の調達、展示会出展や定例会の開催など

研究会事務局で農商工連携と農業の6次産業化の支援事業を担当してきた福田裕子さんによると、地域内で農家、食品流通、飲食店が連携でき

たことで、野菜は翌日には各飲食店に届くようになったという。野菜の出荷は、初出荷から4年で出荷額が40倍以上になったという。

さいたま市は人口128万人。農家4500戸がある。全国の市のなかでワイン、チーズの消費量は全国トッププラス。パスタの世帯購入量も1位だという。イタリアン、フレンチだけでもレストランは200軒。飲食店は4700軒あるという。

「調査をしてはじめてわかった。私もびっくりです。これまでもレストランは地元の食材をほしがっていた。けれどもほしい野菜が手に入らなかった。輸入品だと価格が高く、鮮度も落ちる。直売所に行ってもほしい物がない。スタッフが直売所まで行く時間が取れない。地元で栽培できないかと。

農家はこれまでの野菜だと価格決定権がない。収益の期待できる新たな野菜に挑戦したい、というのがありました。そこで地元でのマッチングを図ったわけです」（福田さん）

意欲ある若手農家に声を掛け、実際に試験栽培をしてもらう。最初は小さなことから始まった。その後レストランの料理人を連れて農家の畑見学を行った。4年間で500名以上が参加するものとなった。

逆に農家も、レストランに行って野菜の使われ方を学び、試験栽培で野菜をつくり出してきた。野菜コンテストも実施した。こうして必要な野菜がつくられるようになった。

「流通を担当したのは、地元の関東食糧株式会社です。トラックを50台持ち、埼玉県全域の飲食店に調味料、冷凍食品など食料品を配送している。取り引きは1万件あります。そこが受け持って

◆色鮮やかなヨーロッパ野菜。カバーの折り返し部分の写真を併せて見てほしい（写真提供：さいたまヨーロッパ野菜研究会）

くれたことで、個別配送が可能となった。

取り引き先は居酒屋が多かったが、2年目から和風居酒屋でサラダやバーニャ・カウダなどに使われ広がっていった。また地元農家のヨーロッパ野菜を扱うことで、ホテルへの開拓に広がった。他が扱っていない野菜を持っているということで評価が上がった」（福田さん）

出荷場はJA南彩《なんさい》の岩槻《いわつき》農産物共販センターだ。2017年3月にオープンしたばかり。この出荷場利用がFENNELに提供された。出荷は月・水・金・土曜日。メンバーが注文に合った野菜を運ぶ。それを関東食糧の担当者が集荷し、注文があった飲食店に個別に配送する。出荷内容はスマートフォンで管理され、FENNELメンバーが情報を共有する。

関東食糧では、飲食店向けに毎月、得意

先に配布するチラシ「バイヤーセレクション」でヨーロッパ野菜を案内。ホームページ、フェイスブックでも紹介している。そこから注文のあったものが農家に発注される。

野菜の価格は農家が希望価格を出し、関東食糧と調整して決める。

「スマホの情報管理システムは、芝浦工業大との連携事業で生まれたものです」と福田さん。

今後は農事組合法人として専従者を雇えるように、事業支援をしていく予定だという。

レストランが必要とするものをお互いが食べてみて栽培

ここに至る経過を、FENNEL代表理事の小澤さんは、次のように語る。

「2013年に市の農業政策課の声掛けで、地元のトキタ種苗の生産者向け勉強会がありました。ところが誰もやるという農家がいなかった。私が4Hクラブ（農業青年クラブ）の会長をしていたこともあり、トキタ種苗からは一度会って話したいと言われました。それでヨーロッパ野菜の栽培の提案を受けた。4名の農家でやってみようかとなった。仲卸しからも、ぜひほしいという話があった。

最初はつくってもいつできるかわからない。10種類の野菜を1畝《うね》か、せいぜい2畝。どういう癖があるのか、寒さに弱いか強いか。試しながら栽培していきました。そのなかからいくつかを本格的に栽培した。それをレストランのシェフが来て試食したり、私たちがレストランに行ってどんな料理と味になるのか試してみたり。そうして生産者、役場、レストランと一緒に懇親会をしました」

小澤さんの耕地面積は、稲作2ヘクタール、畑1ヘクタール。野菜は年間30〜40種類をつくる。

そのうち半分が西洋系の野菜。ゴルゴ（ビーツの一種）、カーボロネロ（葉キャベツの一種）、西洋ナスなどを栽培している。

「月に1回、メンバーが集まる。どの品目の野菜を誰がつくるか、技術的なことをどうするかをみんなで検討します。仲間同士でお互いに畑を見に行って、栽培の仕方を真似して、やり方を学んでいきました。

JAの出荷場が利用できるようになり、とても助かっています。以前は仲間の生産者が使っている冷蔵庫を借りたりしていたから、相手にも申し訳なく思っていました。私たちは農協青年部に入ってもいるので、出荷場が使えないかとお願いをしていたら許可が下りました。今ではJAの市場便にも載せてもらえ、市場の卸さんにも行くようになりました。おかげで取り組みが広がりました」（小澤さん）

地元食品流通業者の協力で販路が一気に広がる

ヨーロッパ野菜のレストラン側の利用で中心的な役割をしているのが株式会社ノースコーポレーション代表取締役の北さんだ。北さんは市内でイタリアンレストラン4店舗を経営。一般社団法人日本ソムリエ協会理事。そしてさいたまヨーロッパ野菜研究会会長でもある。

ヨーロッパ野菜の利用は、北さん自身が店で使いたいという思いから始まった。

「2009年に『日経流通新聞』でトキタ種苗がチーマ・ディ・ラーパを売り出すという記事が出ていた。調べたらさいたま市の種苗会社だった。この野菜は菜の花に似ているが、日本にはないので、菜の花を代用しパスタに使ったりしていた。さっそく使いたいと連絡し、社長とお会いすることになった。ところが栽培する人がいないので、つくる人を紹介してほしいと言われた」(北さん)

北さんは、面識のあるトマトやブロッコリー農家に相談した。ところが「どんな野菜なのか。おいしいかどうかわからない」「つくったら必ず買ってもらえるのか。全量買い上げてくれるのか」「今栽培しているもので安定しているので、あえてわからない野菜をつくりたくない」と言われてしまった。何軒回っても同じような回答だった。新品種少量栽培は難しいことがわかり、すぐに行き詰まってしまった。

２０１３年4月、ＮＨＫの情報番組「おはよう日本」で、新潟県内の「燕三条イタリア野菜研究会」が紹介された。若手農家がイタリア野菜をつくっているという。北さんは事務局担当の福田さんと共に視察に行った。現地でメンバーに会った後、懇親会で飲みながら話しているときに大きなヒントがあった。

「新潟はコメが主体。田植えの前に、ビニールハウスで苗づくりをする。苗ができるとビニールハウスが空く。ちょっと違うものをつくりたい、と若者がイタリア野菜をつくり始めた。私たちは、大上段にビジネスを始めようと思い込んでいた。そうか、若手で小さいところから始めればいいと気付いたんです」(北さん)

新潟には、ワイナリーやイタリアンレストランも多くできている。新しい野菜のニーズが生まれていたのである。

「さいたま市では、農家はホウレンソウと小松菜で経営が安定している。とくに上の世代の農家

◆株式会社ノースコーポレーション代表取締役の北康信さん。経営するイタリアンレストランにて

はビジネスが確立していて、まったく新しい提案は難しい。

そうだ若手に頼もう、と。岩槻地区では4Hクラブが元気。代表メンバーの小澤さんと話して、レストランで食べてもらった。中心になってくださったのは事務局の福田さん」（北さん）

最初の出荷販売の窓口を引き受けてくれたのは、市場のある卸専門の青果店だった。さいたま市は、ホテルが多くありバンケット（宴会・パーティー）の需要も多くあることから、交渉ができていた。ところが半年で行き詰まった。ヨーロッパ野菜のロットが小さく、扱いも手間がかかる。しかも少量多品目。大量の野菜を扱う市場卸では扱いづらい。

「そこで私たちは注文する側のレストランことを考えました。すると、パスタやオリーブオイルをはじめ乾物、酒を運ぶ業者が毎日来ている。調べると、県内に関東食糧があった。経営者も若い。ソムリエ協会の集いで面識もあった。でもうちとの取り引きはゼロ。とにかく会ってみようと連絡をしたところ、興味を持ってもらえた」（北さん）

関東食糧の扱い商品には、パスタやオリーブオイル、バルサミコ酢など大手と競合するものが少なくない。スケールメリットのあるところが有利になる。ここに地元の新鮮野菜、それもヨーロッパ野菜が入るとなると特徴が出る。そうして取り引きが始まった。

北さんは、自身の経営する4店舗の取り引きを関東食糧にすべて切り替えることを提案。

「関東食糧さんには、ヨーロッパ野菜を全量買い上げて買い支えてほしいとお願いしました。私もできたものは買うと話しました。そうでないと農家が続けられない。ヨーロッパ野菜は、私たちがほしい。もともと輸入品を使っていた必要な野菜。高くても買う。地元で味のいい新鮮なものがあれば、営業面でも宣伝になる」（北さん）

関東食糧は、農家から出荷できる分のヨーロッパ野菜を全量買い上げ、残ったものをサンプルとして提供し営業を開始した。

「ズッキーニは、今では浸透していますよね。この野菜の花は料理に使う。イタリアではフリットの定番。でも新鮮な花は輸入ができない。が、地元であれば可能になる。

小澤さんたちには、最初の頃はレストランに来てもらい、料理を知ってもらうことを何度もやりましたね。扱いが始まり、そば店、すし店などの料理人の講習会も行なわれるようになり、居酒屋に和風バーニャ・カウダが広がった。みそソースとか、そば店でチーマ・ディ・ラーパの天ぷらと

か、すし店で野菜ずしとか」（北さん）

埼玉県の鮨組合と始めた「野菜寿司」はマスコミで頻繁に取り上げられ、県の新名物になった。

こうして、これまで地域で育った農家、種苗会社、食品流通会社、レストラン、行政、ＪＡが、新たに地域内連携をすることで、これまでになかったヨーロッパ野菜というブランドのチャンネルを切り開いた。２０１７年秋からはカゴメやキューピーとタイアップしてイオングループでの小売も開始する。

地域の学校給食にもヨーロッパ野菜を

地域内の子どもたちにも広げていこうと、学校給食への導入にも取り組んでいる。さいたま市には小中学校が１６０校ある。学校内で給食をつくる自校式をとっていることから、学校単位で料理ができる。学校にシェフが行き、イタリア料理の給食をつくってふるまう。これまでに11校が実施した。生産者のいる地域の学校を中心に、積極的に取り組んできた。

シェフが来てつくる給食は子どもたちにも人気で、残食率はほぼ０％だという。シェフたちのやりがいにもつながった。

現在では、さいたま市内の小学校向け社会化副読本『わたしたちのさいたま市』に、さいたま市の主な農産物としてヨーロッパ野菜が掲載されている。

「生産者も私たちも種苗会社も関東食糧も三方よし。この会のよいところを感じています」と北さん。今後は、近くの埼玉スタジアムに来るサッカーの観客、秩父、川越を訪れる観光客に地元産ヨーロッパ野菜の認知を広げていきたいという。

お茶から広がる食文化への積極展開――丸山製茶株式会社

お茶どころ静岡県掛川市にお茶問屋、丸山製茶株式会社（丸山勝久社長）がある。私がここの取り組みを知ったのは、つい最近。お茶のパッケージ製造で知られる株式会社吉村の会報誌『茶事記』の記事からだった。お茶のテイスティングルームが設けられていて、味わいから香りまでを消費者に伝えられるようになっているという。

株式会社吉村の橋本久美子社長に連絡すると、丸山製茶の丸山社長はお茶関連で新しい事業を次々取り入れている意欲的な方なので、ぜひ会った方がいいと言われ、一緒に会いに行くことになった。

ちなみに株式会社吉村は、全国のお茶店や問屋のお茶・海苔を中心としたパッケージを扱い、取り引き先の要望に応えてデザインから印刷・製造まで手掛けている会社。本社は東京・品川。他に関西、東北、西日本、鹿児島などに営業所がある。静岡県焼津市には最新設備で、小ロットからオーダーメードでパッケージを印刷できる工場を持っている。私たちが目にするお茶や海苔の包装の多くに株式会社吉村の商品が使われている。

橋本さんに連れられて行った丸山製茶は、新幹線・掛川駅から車で10分ほどのところにある。

１９３３年創業の老舗で、会社としては１９５８年に設立された。

工場の裏手はお茶畑につながっている。工場の横に客や業者がお茶を味わって取り引きができる

◆茶菓 きみくらの店頭。お茶のパッケージも洗練されている

テイスティングルーム。道路を隔てたところに、お茶・和菓子・茶器などを提供する直売所「茶菓 きみくら」を設けている。

「茶菓 きみくら」のロケーションが素晴らしい。木造家屋風の建物。窓ガラスが広くとってある。建物にすぐ里山がつながり、建物との間に庭園があり、緑を愛でながらお茶を味わえるようになっている。

店舗内には、抹茶、玉露、煎茶、番茶、ほうじ茶、玄米茶、あら茶、茎茶、紅茶などさまざまなお茶っ葉が並べてある。それぞれのパッケージも趣向を凝らしている。

壁には、お茶の栽培地の様子から茶葉まで、何枚もの美しい写真が掲示され、さらにお茶ができるまでを紹介するこまやかな冊子も用意してある。

茶葉だけでなく湯飲み、急須、皿など、お茶や和菓子、洋菓子とその器がある。くつろいで、味わって、買ってもらうという流れの演出がされている。

抹茶、煎茶、ほうじ茶などに合わせて、生菓子、季節ごとのお菓子も用意されていて、四季を楽しめるようになっている。また外部から和菓子づくりやフラワーデザインなどの講師を呼んでワークショップも開催される。

「２００９年に始まった。おかげで20代の人が来てくれるようになりました。若い方たちにお茶の素晴らしさを知ってもらえるきっかけがつくれるような場になればいいと思っています」と丸山さん。

なぜかドイツの紅茶がある。

「ベリー、バニラなどがあります。フレーバーティー（ドライフルーツや花などがブレンドされている）を取り寄せています。果実や花を加えてブレンドし香りを付けるのはセイロン（スリランカ産の紅茶）、インドにはない。その技を勉強しようという意味もあって、輸入し販売をしているのです。女性スタッフが1人で担当しています」（丸山さん）

お茶文化残すため農業に参入

２０１４年からは和菓子も手掛ける。菓子メーカーを買い取ったのだという。丸山さんは、新しい事業を社員に任せて、多少失敗をしても経験を積んでもらい、独自性を発揮してもらうことにしている。

「和菓子も自分でつくるのが楽しいだろうと始まった」と言う。

担当するのは経営企画部部長の山崎真広さん。

「お菓子も自前の比率を増やしたいと思っています。和菓子の輸出も手掛けていて、サンフランシスコでも販売されています。主に北米でおまんじゅうが並んでいます。売り上げは年間2億円。輸出は日系のアジアの人が主な購買層。現状に満足せず、アジア系以外のところでも和を広めたいと考えています」と言う。

直売所では、干し芋も売られていた。サツマイモの生産から行なっているという。

山崎さんは農業に取り組んだ理由を次のように語る。

「2009年から農地法の改正がされた。そこで2011年から農業生産法人の株式会社まるやま農場を設立し農業も始めました。サツマイモ、ネギを中心に栽培をしています。干し芋は、実は掛川市を含む遠州地方が発祥の地なのです。今でもつくられています。農業を始めたのは、ゆくゆくはお茶の生産の受け皿をつくりたいという思いからです。

干し芋は今年（2016年）8万6000袋をつくりました。約半数を通販や直売所で売っています。ネギは外食に販売していて、毎日600～900キロを出荷しています」

農地は5ヘクタールでネギ、5ヘクタールでサツマイモを栽培。社員5名、パート20～30名が働いている。農業まで行なうようになったのは、農家の高齢化で今後農業従事者がいなくなれば、お茶そのものの生産ができなくなるという危機感からだ。

「お茶の加工場も買い取りました。生葉から一次加工までの設備です。今65歳以上の農家が多い。後継ぎがいるのは10軒のうち2軒しかいない。耕作放棄地も増えている。このままでは10年後に農業をやる人がいなくなってしまう。今の仕組みでは農業維持が難しい。売り先があっても肝心のお茶栽培をするところがないと、お茶の文化は残せない。だから農業まで手掛けることにしました。とことんやるつもりです」

現在農業生産の採算収支はプラスマイナスゼロだとのこと。直売所「茶菓 きみくら」には、将来のビジョンが見える形に集約されているとも言える。もっとも、丸山さんに言わせれば「まだまだ」とのことである。

輸出額4億円の秘密

直売所「茶菓 きみくら」から道路を隔てた建物の2階にはテイスティングルームがある。清潔でシンプルな部屋だ。中央には大きなテーブルがある。商談、お茶の鑑定、商品化など、実際にお茶を味わい、見た目、香り、味、色など総合的に見て、求められるお茶を提供していくという。

「ここでは仕入れ農家が持ち込んだものを鑑定する。買ってくださるお客さんに特徴を知っていただく。うちの営業が見て、社内製造のチェックをする、などの目的で使われています。①見た目②お湯をさした時の水色 ③滋味 ④香り ⑤茶殻――のチェックなどをします。

お茶のテイスティングは、これまでは作業着を着て、それもうしろ向きに行なっていて他所の人からは、何をやっているか見えなかった。それをかっこよくしたかった。取り引き先にしろ、社内向けにしろ、正面に向き合う。広々としたところでテイスティングをすると気分が上がる。いずれはお茶販売をするお店の方たちにお茶の楽しみ方講座をやりたいと思っています」と語る丸山さん

◆丸山製茶のテイスティングルームで試飲用のお茶を入れてくれる海外事業部長の橋本さん

のこういった発想は、どこから来るのか。

聞けば、社長自身が海外まで足を伸ばし、さまざまな現場に触れてのことらしい。10年以上前から輸出も始めた。輸出額は現在4億円。

「日本茶の一番の輸出先はアメリカ。いいものはいいという評価をしてくれるのはヨーロッパですね。ドイツ・ケルンの見本市や、世界最大級食品見本市フランスのシアル・パリ、日本のフーデックスなどに出ています。現地では地元の問屋さんと直接取り引きです。オーガニックの茶が中心です」と、丸山さん。

テイスティングルームの設置は、海外の影響が大きかったという。

「ヨーロッパは実にかっこいい。ドイツの問屋さんのティーテイスターはきちんとスーツを着ている。アウディの車に乗ってやって来た。最初は社長さんかと思いましたもの。

ソムリエの服みたいな格好で、これが魅せる。物をつくるところはかっこよくないといけないと思いました。

アメリカ・カリフォルニア州にあるナパ・バレーのワイナリーには10カ所以上行きました。有名なワイン『オーパス・ワン（Opus One）』は、１本３万円以上もする。そこのワイナリーに行くと憧れる。ワイナリーにテイスティングブース、レストランがあり食事とワインがあり、ホテルに泊まることもできる。三つ星の宿泊・レストランもある」（丸山さん）

国内で触発されたのは、福岡県の「久原本家茅乃舎《くばらかやのや》」だという。しょうゆ製造から始まった会社で、調味料の開発販売から、茅葺きの家屋をレストランにして、食文化を売り出しているところだ。

もう一つ興味を抱いているのが、三重県伊賀市「伊賀の里モクモク手づくりファーム」。養豚農家からスタートし、ハム、ソーセージの製造・販売、レストラン、宿泊施設、体験工房、通販まで展開をしている。いずれも食をテーマに、創業の核を多面的に展開していくということを行なっている。６次産業のトップモデルだ。

丸山社長は、お茶の仕入れ、製茶、卸、販売から、さらに進めて、通販、店舗、テイスティングルーム、農業まで、お茶を通してその流れを一貫してつなぎ、結果、文化まで提供をしていく。それも輸出から海外客誘致という構想までも見据えられているようだ。

「目指すはお茶の総合商社」 低迷する産業だからこその貪欲な挑戦

新社屋ができたのは、1996年。そのときに最新鋭のお茶の保管施設がつくられた。

「お茶はマイナス25度で保管している。鮮度はまったく落ちません。保管がよくなった。冷凍管理の技法は昭和40年代から生まれたんです。お茶は各地と取り引きをしていて、倉庫に2000トンあります。1日10トンのお茶が出ます」(丸山さん)

今では高品質管理によって、新茶と同じ状態が保てるというのだから驚きである。

また丸山製茶では、積極的に女性を採用し、若い技術師も育ててきた。社員は77名。そのうちなんと女性が49名だ。

「製造の細かいところは女性がうまい。細やかなところまで気付くのは女性。そして購入してくださる方も女性の方が多い」と丸山さんが語るように、多彩な商品開発とニーズに合った販売のポイントは、女性を積極的に登用していることだとわかった。

一方で、茶師と呼ばれる選定・ブレンドを専門に行なうプロフェッショナルは4人いる。20代2人、30代、40代が1人ずつ。若い人たちに現場を任せて、技術の取得を積極的に行なう姿勢が見て取れる。数々のコンテストを受賞している。

丸山さんは「お茶の総合商社を目指します。なんにでも対応できるようにしたい。今、挑戦をしているんです」と言う。

しかしなぜ、こうも果敢な取り組みをしているのか。それは、お茶の需要の低迷と危機があったからに他ならない。

1人当たりの緑茶購入量の推移を見ると、1965年501グラム、2015年は279グラムと大幅に減っている（総務省家計調査）。一方で1世帯当たりの人数は、4・26人から3・02人と減っている。コーヒーの輸入が増え、一方で人口減が始まっている状況では、何もしなければ、自然とお茶の利用は低迷してしまう。

丸山さんが丸山製茶を継いだのは、30年前。その少し前、1975年がお茶の購入量のピークだったという。お茶は、明治・大正・昭和と輸出が盛んで、絹と並んで一大産業となっていた。絹同様高級品だった。そして戦後30年近く売れ続けていた。問屋があり、各地の商店にお茶の専門店があり、市場は充実していた。東京だけでも1500軒あったお茶の専門店が、今では約200軒になったという。

「商店街に行ってお茶店を5軒訪ねれば1軒とは取り引きができた」と丸山さんが当時の営業を振り返る。その頃の従業員数は社長を入れて8名。問屋としての存在は、世間にはまったく知られていなかった。同時にこの頃、流通の大変革が起きる。大阪の小さな薬局から始まったダイエーが、スーパーマーケットとなり全国に展開。静岡からは八百屋から始まったヤオハンが大型スーパーとなって大きく台頭。また各地でもスーパーが生まれ商店街が衰退。同時に、お茶問屋から専門店へという流れが難しくなった。お茶はスーパー販売用に大量に安くつくられた商品が中心となった。

「あれよあれよという間に様相が一変した。大量の安いお茶が求められ値段が下がった。高級茶が産地に残ってしまう。生産地のバランスが取れない。専門農家のものが売れなくなったんです」

（丸山さん）

そこで通信販売が始まった。オーソドックに新聞折り込みから。対象は愛知県。お茶の産地がなく、静岡に近いという理由から。徹底して新聞折り込みを行なった。愛知でネームバリューを上げるという計画だ。しかし、１０００枚のチラシで5件ほどの申し込みしかなかった。新聞からの申し込みは60代以上が多かったという。５年間は赤字だった。当時はパソコンもなく、すべてパート1人の手作業で伝票書きと発送をこなしていたという。同時に、百貨店に営業に行くという地道なことを行なっていた。お金が回る限り顧客を開拓しないと遅れを取る。あえて前倒しで取り組んだ。

現在、本店の売り上げは28億円。通販の売り上げは9億円あるという。

これまでの足踏みを脱却するという意気込みで、ニーズの開拓と投資を行なっている。

「人口が減っている。このままでは厳しい。お茶はいいものなのに、その説明が足りないと思っています。煎れ方、楽しみ方、その演出が足りない。買いたくなるようなシチュエーションがないと売れない。これから茶畑や山里、古民家があり、田舎体験があり、お茶を売っていくような場をつくり、食につなげたいと思っています。農家と観光を結び付けたい。交流人口を増やす。お茶の専門店に若い人を招きたい。田舎らしさ、山里と素朴さを提供したい。それを通販にもつなげたい。ゲストハウスもあり、見て、来て、味わって、ファンになってもらいたい。おいしいだけではなく、会ったことがある、聞いたことがある、見たことがある、そんな消費者のつながりをつくりたいんです」（丸山さん）

丸山製茶の挑戦は、今後の展開が見逃せない。

第8章 自治体ぐるみで新しい地域ビジネスを創出する

全国400の有人離島の情報をネットワークする――NPO法人離島経済新聞社

日本の有人離島４００島余りをつなぎ、島の暮らしや活動を写真入りで日々配信しているのがウェブ版『離島経済新聞』。発行しているのはＮＰＯ法人離島経済新聞社だ。なかなか伝わりにくい島々の情報が具体的に紹介されているということで、大きな注目を浴びている。これまでも島の雑誌はあったが、全国の島のニュースを取り上げ、島の人たちが相互に情報を知るメディアはなく画期的な試みである。

ウェブ版「離島経済新聞」の構成内容は「島News」「島Topics」「島Report」「島Interview」「島Column」「島にWelcome」からなる。

掲載されている情報は、次のようなものだ。「島News」では、東京11島（大島、利島《としま》、新島《にいじま》、式根島、神津島《こうづしま》、三宅島、御蔵島《みくらじま》、八丈島、青ケ島、父島、母島）を巡るスタンプラリー（２０１８年６月30日まで実施予定）の情報と東京諸島観光連携推進協議会によるキャンペーンイベントの様子（２０１７年７月13日付け）など。

「島Topics」では、山口県周南《しゅうなん》市・大津島７集落２８０名を結ぶ見回りを兼ねた食料品の移動販売が道の駅との連携事業で始まったこと（２０１７年７月14日付け）など。

「島Report」では、広島県呉市大崎下島《おおさきしもじま》での９年ぶりの結婚式を紹介（２０１７年７月５〜６日付け）。

「島Interview」では島を小説に書いた作家の和田竜さん（２０１５年３月２・５日付け）、映画ロケで島に関わったイラストレーター・俳優のリリー・フランキーさん（２０１５年12月29日付け）、女優のもたいまさこさん（２０１６年12月29日付け）など著名人が登場した。

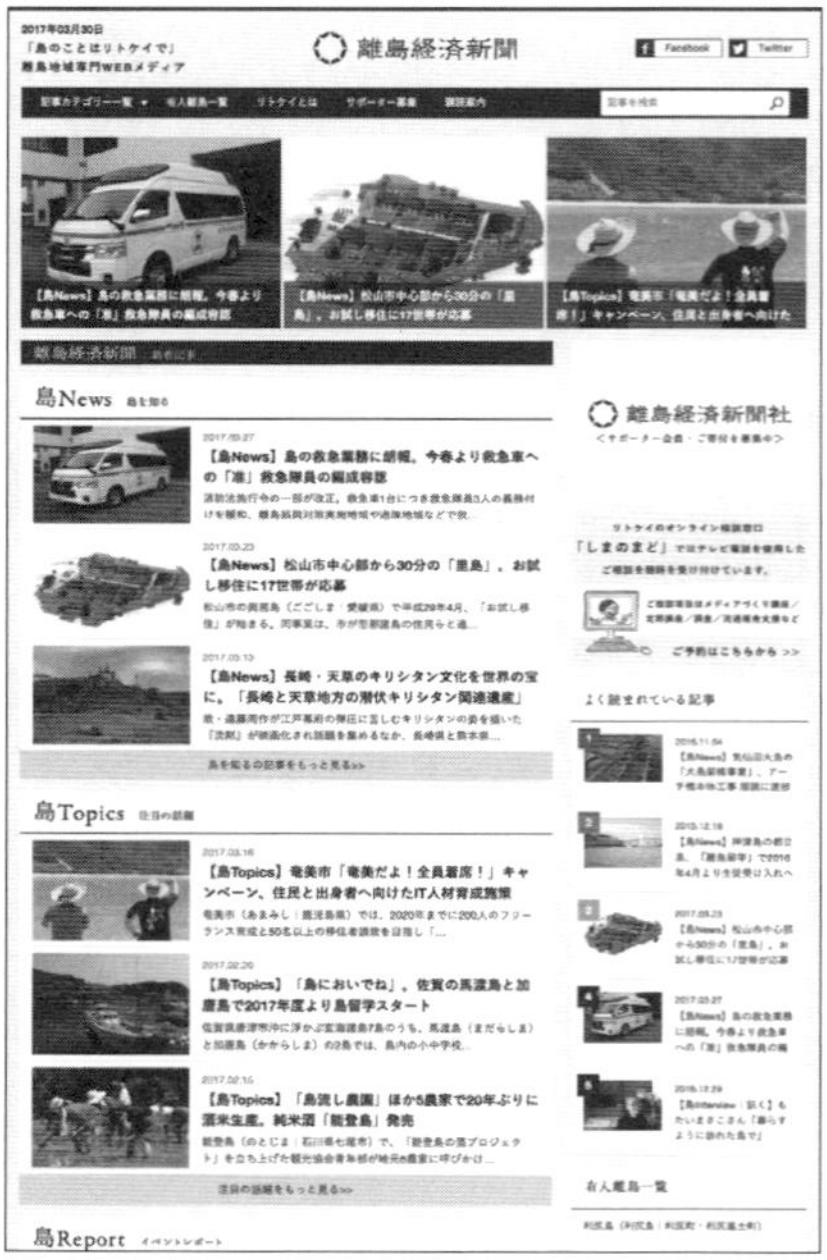

◆ウェブ版『離島経済新聞』のトップページ。アクセスは月間10万ビューという

「島Column」では、長崎県五島列島の新上《しんかみ》五島町《ごとうちょう》に移住した地域おこし協力隊が、島ならではのトビウオでつくったアンチョビや、料理をコラムで紹介（２０１７年６月20日付け）。

「島にWelcome」では、全国の離島から集まってくる情報を共有する。例えば、長崎県が東京と大阪で開催する離島への移住・定住促進のセミナーと説明会の情報（２０１７年３月10日付け）、北海道奥尻島の島留学生を募集する情報（２０１７年６月３日付け）などが取り上げられる。

マスメディアでは、なかなかお目にかかれないような記事が丁寧に取り上げられている。離島、過疎、高齢化などがある島でも、人のつながりや工夫で新しい動きが生まれている。地域づくりの創意工夫が詰まっている。どれも興味が尽きない記事ばかりだ。

再生可能エネルギーにも注目している。長崎県五島市福江島沖では日本初の浮体式洋上風力発電所が稼働し１８００世帯分を賄うとか、東京都八丈島の地熱発電所が発電量を増やして稼働予定とか、島根県隠岐諸島で太陽光・風力・水力発電などの再生可能エネルギーを安定的に供給する蓄電池システムの実証実験が行なわれているなど、だ。先端事業の試みは、離島の方が進んでいるのではないかと思えるような事例がいくつもある。

「島の人口は、全部合わせても国全体の０・００５％、約70万人しかいない。私たちのメディアは、実際に島で活動している人たちに参考にしてもらっています」と、『離島経済新聞』の鯨本《いさもと》あつこ編集長は言う。

ウェブ版の他に『季刊 ritokei（リトケイ）』という紙媒体を年間４回発行している。２０１２年創刊で、現在までに21号が出ている。部数は５０００～１万部、１３０島４６０カ所で配布されている。購読料は無料。いわゆるフリーペーパーだ。設置希望を依頼すれば送付してもらえる。ペーパー版は、ウェブを見ない人や、島にネットがつながらないところもあるということで始めたものだ。

◆フリーペーパー版『季刊 ritokei』。左上が誌面だ（写真提供：離島経済新聞社）

内容は、「島の食」「島の学び」「離島観光」「島の仕事」「島に渡る乗り物」「島とインターネット」など。島ならではの暮らし、文化、環境、特産品、交通、情報発信、結婚などが、テーマ別に特集されている。テーマによって、例えば「結婚」「移住・定住」などでは、読者アンケートを実施して誌面をつくる。

「100〜300名分のアンケートを集めます。アンケートは、以前は島の人だけを対象にしていたけれど、島外でも読んでくださる人が多いとわかり、島外の人からも回答をいただいています。例えば、移住・定住の特集では、島暮らしのいい部分、課題、移住したデメリットなどもお聞きし、自治体にとって活用のヒントになるように紙面を構成しています」(鯨本さん)

島が人と人をつなぐ

離島経済新聞社の発足は2010年。その後

◆沖縄にいる鯨本さん（左モニター画面）とスカイプ会議をするスタッフの大久保さん

2014年にNPO法人となり、新聞発行だけでなく島々の暮らしをサポートする事業も手掛けている。

事務所は東京都世田谷区三軒茶屋にある。マンションの一室をリノベーションしたオフィスだ。スタッフは、新聞の制作が3名、営業が2名、事業担当が4名、非常勤4名がいる。他に、外部メンバー20名ほどが新聞制作に関わる。

鯨本さんは出産を機に、子育てと仕事を両立するため、夫の実家がある那覇市に居を移した。普段は沖縄と東京オフィスをインターネット電話「スカイプ」でつなぎ、常時、スタッフと話ができる状態になっている。月に1～2度は東京へ行き、編集会議や仕事の関係者との打ち合わせを行なっている。

鯨本さんは、大分県日田市出身。フリーで編集者・ディレクターとして活動している。「IID世田谷ものづくり学校」（東京・池尻）の社会人学校で出会った大久保昌宏さん（現在、代表理事）と共に、ウェブと紙の新聞発行を中心に島の営みをサポートする組織を立ち上げた。

ちなみに大久保さんは、人口減少が進む国境離島地域（北海道、東京、新潟、石川、島根、山口、長崎、鹿児島の8都道県、計71島）の無人化を防ぎ、国境離島を保全していくことを目的とした「有人国境離島法」の施行に伴い設置された、特定有人国境離島地域プロジェクト推進アドバイザーを務めている。また総務省地域力創造アドバイザーにも登録されていて、全国の離島地域における体験型観光メニューの内容拡充や島外企業との連携、インターンシップの受け入れといった事業のアドバイスなどを行なっている。

当初、鯨本さんは国内にたくさんあるよいものを紹介する活動をしたいと考えていたが、日本の特産品や地域などを取り上げているものは既に多くある。そんななかで着目したのが、島だった。鯨本さんは、知り合いが瀬戸内海の広島県の大崎上島《おおさきかみじま》に移住したことから、そこに遊びに行き島の魅力に惹かれたのだという。

ウェブサイトを立ち上げてみようということから始まった。やってみると、熱心に読んでくれる人がいることがわかった。そこから、本格的に有人離島情報を集める新聞の発行が始まったそうだ。配信される島のニュースは、どうやって集めているのかを聞いてみた。

「私たちが島に取材に行っているのが、まず一つ。他に、コラムを書いていただいている方には、元新聞記者で島に移住した方とかがいらっしゃる。プロフィールをいただき、それからお願いをするというケース。こういう方は結構いらっしゃるんです。また、これまで島で知り合った地元のN

◆東京のオフィスで記事の編集・更新を行なう石原さん

ＰＯ団体や役場、観光協会などに勤める方から情報をいただいたりしています。

実は、島から出て都会で働いている人が多い。その方たちの集いが大阪、東京でもある。また、島のイベントも東京で頻繁に行なわれていて、島で会った人たちと再会して、コミュニケーションを深めることができます。私たちは離島関係のセミナーやまちづくりの講演などで呼ばれることもある。フェイスブックで交流している人にも、島にゆかりのある人が多い。ＳＮＳ（インターネット交流サイト）では日々、島の出来事が流れている。それもチェックしています。幸いスタッフが島好きで、休暇になると島に遊びに行っている」と鯨本さん。

鯨本さんは、毎月2～4回は島を訪ねる。これまでに訪れた島の数は１００以上だという。

事務所で常時各地の島のニュースをＷＥＢにアップしているのは石原みどりさん。北海道生まれの福島県育ち。大学を卒業後、東京の呉服店に勤めていたが、出張ではじめて訪れた鹿児島県の奄美大島に魅せられ、1年後に大島紬《つむぎ》の伝習生として島に滞在。1年間の研修が終わった後も、仕事を見つけて島暮らしを続けたという。その後東京に戻り、観光協会の仕事でつながりのあった離島経済新聞社のスタッフとなった。

鯨本さんと、石原さんは、共著の『くじらとくっかるの島めぐり　あまみの甘み　あまみの香り——奄美大島・喜界島・徳之島・沖永良部島《おきのえらぶじま》・与論島と黒糖焼酎をつくる全25蔵の話』（西日本出版社刊）も出版している。奄美諸島にしかない黒糖焼酎の蔵をすべて訪ね、試飲し、つくり手のキャラクター・醸造法・歴史・原料・水・風景・文化までを紹介するという内容だ。奄美諸島の黒糖焼酎の蔵をすべて網羅しまとめたものは、これまでになかった。しかも密度の高い力作である。

海と島でできた日本を学ぶ教育プログラム「うみやまかわ新聞」

離島経済新聞社の大きな魅力と事業の柱になっているのは、地域連携事業だ。この事業は大きく分けて3つの展開をしている。

1つは日本財団の支援で始まった「うみやまかわ新聞」だ。今年で4年目になる。小学校5、6年生を対象に、「総合学習」の時間を使い45分1コマで20コマの授業を行なう。一連のプログラムを通してメディアづくりを学びながら、子どもたちが自分たちの地域を理解するとともに、自分たちの地域の個性を発見することが目的だ。「うみ」「やま」「かわ」を切り口にして行なう。

このプログラムでは日本を丸ごと「島国」と捉え、本土エリアを含めた全国で実施している。

２０１４年度は鯨本さんの故郷、日田市をはじめ、沖縄県与那国島《よなぐにじま》、東京都檜原村《ひのはら》、愛媛県弓削島《ゆげじま》、北海道利尻島《りしりとう》の5地域が参加し、それぞれの地域に暮らす子どもたちを結んだ。

２０１６年度は全国14地域で実施された。プログラムの過程では、互いに遠隔にある小学校を相互にテレビ会議システムでつなぎ、自己紹介や学習内容の発表を実施。それぞれの文化や暮らしや環境の素晴らしさを見いだすことが狙いだ。新聞が完成すると、各学校の児童がそれらの新聞を見比べ、他の地域の事情を知ることとなる。こうしたなか、児童たちが自分たちの言葉で地域の魅力を発信できるようになるというものだ。

プロジェクトの中心になっているのが企画編集担当・松本一希さん。松本さんは群馬県・前橋工科大学在学中にボランティアプログラムやインターンシップで鹿児島県トカラ列島や岡山県笠岡諸島に行き、島の人と出会い島の魅力に惹かれ、離島経済新聞を知って働き始めた。

うみやまかわ新聞プロジェクトでは、はじめに、児童が自分の地域について知っていることを、「うみ」「やま」「かわ」の切り口で付箋に書き出す。その後、地域についてリサーチや取材を行ない、メディアリテラシー（主体的に情報を読み解く能力）などを学びながら、原稿制作や写真撮影、校正作業も行なう。取材や原稿制作のタイミングで、松本さん自身が現地に1、2回学校に行き指導をする。マイクスピーカーやウェブカメラなど必要な機材を参加校に送り、毎回の授業は、テレビ会議システムを使って関東や沖縄にいる講師陣が遠隔から行なう。

「新聞づくりの過程で、鹿児島県沖永良部島の小学校と高知県佐川町の小学校を接続して交流授業をしました。沖永良部島は亜熱帯気候で海に囲まれた地域。一方の佐川町は山に囲まれた内陸の地域。直線距離にして約800キロも離れています。お互いの地域紹介をしているとき、沖永良部島の児童が『小学校にガジュマルが植わっています』と説明したけれど、佐川町の児童はガジュマルが何かを知らない。沖永良部島の児童はガジュマルがどういうものか、知っている情報を絞り出して、相手が正しく理解できるように伝えることを学び、また地域の違いに気付くきっかけとなります」と松本さん。

このプログラムは、地域内の新たな関係性づくりにも一役買っている。

「地域を知るためには、大人たちの協力が必要です。うみやまかわ新聞プロジェクトでは、小学校と離島経済新聞社をつなぐ役割として、地域に詳しい方や地域で活動している方に地域コーディネーターとして事業のサポートをお願いしています。また、新聞づくりの過程で、地域で活動する方に取材を行います。その結果、学校とあまりつながりがなかった地域の大人たちが学校の活動を気に掛けてくれたり、積極的に参加してくれたりするようになったという話も聞きました」(同)

完成した新聞は学校、観光協会、地域の店舗などで配布される。発行部数は約2万部。参加者の希望で部数は地域によって多少変動がある。新聞発行が、地元の大人たちに生徒の成長と同時に改めて地元の魅力を伝えることとなっている。

愛媛県上島町《かみじまちょう》では、好評であることから、毎年、実施している。

日本財団の助成は、最初の3年間は8割助成。4年目からは半額助成。自治体で学校の学習として取り組みたいという希望があった場合、離島経済新聞社がコーディネートしているそうだ。

島の特産品を売り出すKDDIとの社会貢献事業も実施

２つめは、通信大手のＫＤＤＩのＣＳＲ（社会貢献事業）と連携した「しまものプロジェクト」。離島の産品の販路拡大を支援するプロジェクトだ。全国２５００のａｕショップやウェブサイトからも購入できる「au WALLET Market」で、離島産品のセレクト販売をする「しまものマルシェ」と、離島地域の事業者向け流通販売講座「しまものラボ」かなる。

離島には、少量多品目の島ならではの優れた産品があるが、島外に販売・営業をするのは難しい。一方、ＫＤＤＩとしては、島の人たちと、どうコミュニケーションを取っていけばよいかがわからない。そこで、離島経済新聞社が間に入り、島の産品がショッピングサイトに出品していけるようにサポートするのだ。

マーケットに出すとなると、商品管理、履歴、衛生管理、ロット、配送、価格帯など、さまざまな基準が必要となる。また写真や商品説明も必要である。そこで、販売のための基礎ノウハウをアドバイスして覚えてもらい、市場でも売れる商品をつくり、島に持続的な利益を還元するというものだ。

「しまものラボ」は２０１６年に鹿児島県の喜界島《きかいじま》でスタートし、８業者向けに有料講座が開催された。受講した事業者が扱う商品のうち３品が、「しまものマルシェ」で販売された。

講座では、ＫＤＤＩの会員向けの情報提供サービス「ａｕスマートパス」の仕組みを活用し、全国規模で島の商品の試食アンケートを実施。他にもＫＤＤＩ社員による試食会・座談会を通して、商品化に向けたアドバイスをすることなども実施されている。

喜界島に続き、2017年には北海道利尻町、利尻町商工会、離島経済新聞社連携で利尻島で実施された。これらのプロジェクトは、KDDIが島に身近な通信手段を広めていくなかで、島をよく知る離島経済新聞社と出会い、そこから生まれたのだそう。

石垣島で生まれた地域発のクリエイター実践講座

3つめが、連携事業のなかでも画期的なものだ。沖縄県石垣島と離島経済新聞社から生まれた「石垣島Creative Flag」だ。石垣市企画部企画政策課（文化産業創出事業）の公募事業を受託した島の事業者から声が掛かり、連携することとなった。移住者の多い石垣市には、クリエイティブのスキルを持った人材が存在していた。そこで、地域内に存住するデザイナーやカメラマンなどのクリエイターを集め、彼らのスキルをPRし、スキルアップ講座を開くことで、文化面での産業創出を図るという狙い。

インターネットの発達で、今では島からの発信ができるようになった。しかし、地域をよく知り、具体的に伝える術がないと、うまく伝わらない。そこで、公募でクリエイターの募集が行なわれた。参加クリエイターを対象に、鯨本さんをはじめ、第一線で活躍する編集者・デザイナー・プランナーを呼び、ディスカッション形式の講義で実地活動ができる講座が開かれた。スタートから3年目には一般社団法人となり、鯨本さんも理事となった。そして、石垣市のイベントのポスター、チラシ、ウェブサイトなどでの広報やプロモーション事業などの仕事が地元若者のクリエイターに発注されるようになった。

「現在は約50組が登録されている。年間で2000万円以上の仕事が生まれている。クリエイティブな仕事も、地産地消でできる。継続して軽やかに都会ともコラボレーションできるのが強み。今では、かなり仕事ができるようになりました」（鯨本さん）

このような地域事業支援から、島のある県からの観光に対する調査や、企業が離島地域でのサービスを検討する際にニーズにマッチする島なのかどうかの調査なども引き受けている。

さらに今後の継続的な事業をしていくために、2017年から始まったのが「信頼資本財団」の「共感助成」との連携だ。NPO活動を継続していくためにも、資金が必要となる。そこで、サポーターと寄付を募るために同財団の枠組みを活用する流れとなった。共感助成に寄付をしてもらい、そこから助成金を受けるというもの。財団への寄付は税制控除を受けることができる。今後は同財団の他にも、資金調達の道を広げていく考えだ。

今後の展開について鯨本さんは、「島の経済を回すお手伝いをしながら、持続的な活動ができるようにしたい」と言う。島の情報発信や地域支援を通して、島の人たちがノウハウを共有できる仕組みを創造してきた活動は、今後もっと注目されていいだろう。

「地方創生」で人材に投資する——和歌山県田辺市

今後より注目が集まっていくであろう、また成果も上がってムーブメントを起こしていくだろうと予測している自治体の取り組みを紹介したい。

和歌山県田辺市で行なわれている地方創生で人材育成事業「たなべ未来創造塾」だ。２０１６年度に始まった。田辺市文化交流センター「たなべる」の会議室を会場に、全14回の講座では、人口動態、観光交流、産業構造、仕事の流れなど社会状況を把握できるデータを市や大学が提供する。参加者は現在取り巻く環境を数値的に理解しながら、自分たちの仕事の将来性、その課題、これからの可能性と方向性を見い出し、視覚資料を使ってプレゼンテーションし、次年度以降の新たな仕事づくりにつなげ具体化していくというものだ。

田辺市と富山大学地域連携推進機構が中心となり企画を立案した。それに日本政策金融公庫が連携機関として、紀陽銀行、きのくに信用金庫、第三銀行が協力機関として支援する。後援には、近畿財務局和歌山財務事務所、田辺商工会議所、牟婁《むろ》商工会、龍神村商工会、中辺路《なかへち》町《ちょう》商工会、大塔村商工会、本宮町商工会などが参加する。これらの団体が創業に向けた具体的な支援を連動させている。

具体的には、日本政策金融公庫では、塾への出席やヒアリングへの同行を通じて、塾生へのアドバイスを行なうとともに、塾の進捗状況に合わせて公庫主催で「事業計画の書き方講座」や「クラウドファンディング活用セミナー」などを開催。さらに個別の融資相談に乗るなどを行なっている。実際に塾生のプランのうち、すでにいくつかの案件で融資が進んでいる。

講師は、大学や地元金融機関、市職員、シンクタンクなど多彩なメンバー。いずれも塾生の仕事を多面的にサポートできる人が配置された。なかでも注目したいのは、田辺市で新たな地域ビジネスを生み出した事業者が入っているところだ。

◆講師「一般社団法人田辺市熊野ツーリズムビューロー」理事長・多田稔子さん。「ぜひお金を借りて実践へ！」と塾生にエールを送る

例えば、田辺市熊野ツーリズムビューロー理事長の多田稔子さん。多田さんは、熊野古道が世界遺産になったのをきっかけに、インバウンド対応ができる着地型観光（ＤＭＣ）を目指して一般社団法人を立ち上げ、外国語での予約ができるようにし、多くの外国人観光客誘致につなげた。

また、秋津野ガルテン代表取締役社長の玉井常貴さんは、地域で創業し新たな事業を生み出した実践メンバーだ。新築移転で残った小学校校舎を再生した中心メンバー。地域住民に呼び掛けて出資をしてもらい、学校をリノベーション。そこに農家レストラン、体験教室、宿泊施設、農産物加工所、太陽光の再生可能エネルギー施設などをつくった。今では地域の交流の場として、全国に知られるようになった。３年前から和歌山大と連携し、地域資源を学ぶ

◆塾生のプレゼンテーションと田辺市の数値データの一部

講座を開設。大学生が一般参加者と現場について学んで単位が取れるという、人材育成事業までを手掛けている。

成功事例だけでなく、それまでのプロセスや問題、解決の方法、そして今後の課題が取り上げられていた。塾生の起業後も連携が取れるようになっている。市担当者が面談し、互いに連携ができるメンバーを配置する。

講座内容、経過などは独自のホームページやタウン誌などを通じて情報発信されている。また塾生が受講後もネットワークづくりができるように、地元でタウン誌を作成する丸山健さんの会社「PIECE ONE」が中心となり、塾生の他、異業種を巻き込んだＬＬＰ（リミテッド・ライアビリティ・パートナーシップの略）「ＴＥＴＡＵ」（てたう＝田辺市の方言で「手伝う」こと）を設立。企業同士が連携することで、地域内で経済を循環できる仕組みを目指している。デザイナーを中心に、塾生も参加してつくられた組合で、商品化に向けてのデザイン、ウェブサイトでの発信などを行なう。

講座の最終日、塾生は関係者およそ100名が集まる会場でパワーポイントを使ってプレゼンテーションを行なった。そのためにそれぞれが考えたプランをお互いに紹介し、それを何度も討議し、わかりやすく具体的に話せるように準備したのだという。

この日はプレゼンテーションの場を次世代にもつなげようと、和歌山県立神島高等学校（田辺市）の学生たちに発表の場が設けられた。特産の梅を中心とした商品開発の発表だった。この高校は「第5回ご当地！　絶品　うまいもん甲子園」初優勝を果たし、考案された「紀州うめどりの親子バーガー」は全国のファミリーマートでも販売されている。

高校生によるプレゼンの後、塾生に対し金融機関からは「相談にも乗りますし、補助金の情報もありますのでぜひご利用ください」と申し出があり、商工会からも「支援します」と心強い協力表明があった。

高い志と実績を持つ「塾生」たち

塾生は田辺市内から公募と推薦があった20代から40代の12名だ。すべて地域で事業をしているか働いている人たち。メンバーを知ると、募集の段階から互いの連携が考えられていることがわかる。

赤田正則さんは、田辺市の特産品の梅を中心とした梅干し、練り梅やみそなどの地場産品をネット販売する会社のスタッフだ。

◆参加塾生で家具店を営む榎本将明さん。商店街にあった店舗を家具の工房に移し、子ども・ファミリー向け雑貨と家具を一体化した店舗を新たにつくった

三浦亜希さんは、株式会社前田農園を経営する。田辺市で梅の農園や加工場を運営、販売までを行なっている。主に量販店に出荷している。

3代続く農家の岡本和宣さんは、レモン、温州みかん、はるみみかん、甘夏など、17種類の柑橘類を栽培している。果実の他、ジュース、ドライフルーツなどの加工品を直販している。

創業60年の美吉屋旅館を経営する吉本健さん。昔ながらの和風旅館だが、夫妻で海外経験があることから英語が堪能でインバウンド対応ができる。すでに多くの外国人観光客が利用している。

家具店を経営する榎本将明さん。榎本さんは家具と子どもの雑貨とインテリア商品、地元木材を利用したオリジナル家具など、新しいニーズに合った家具づく

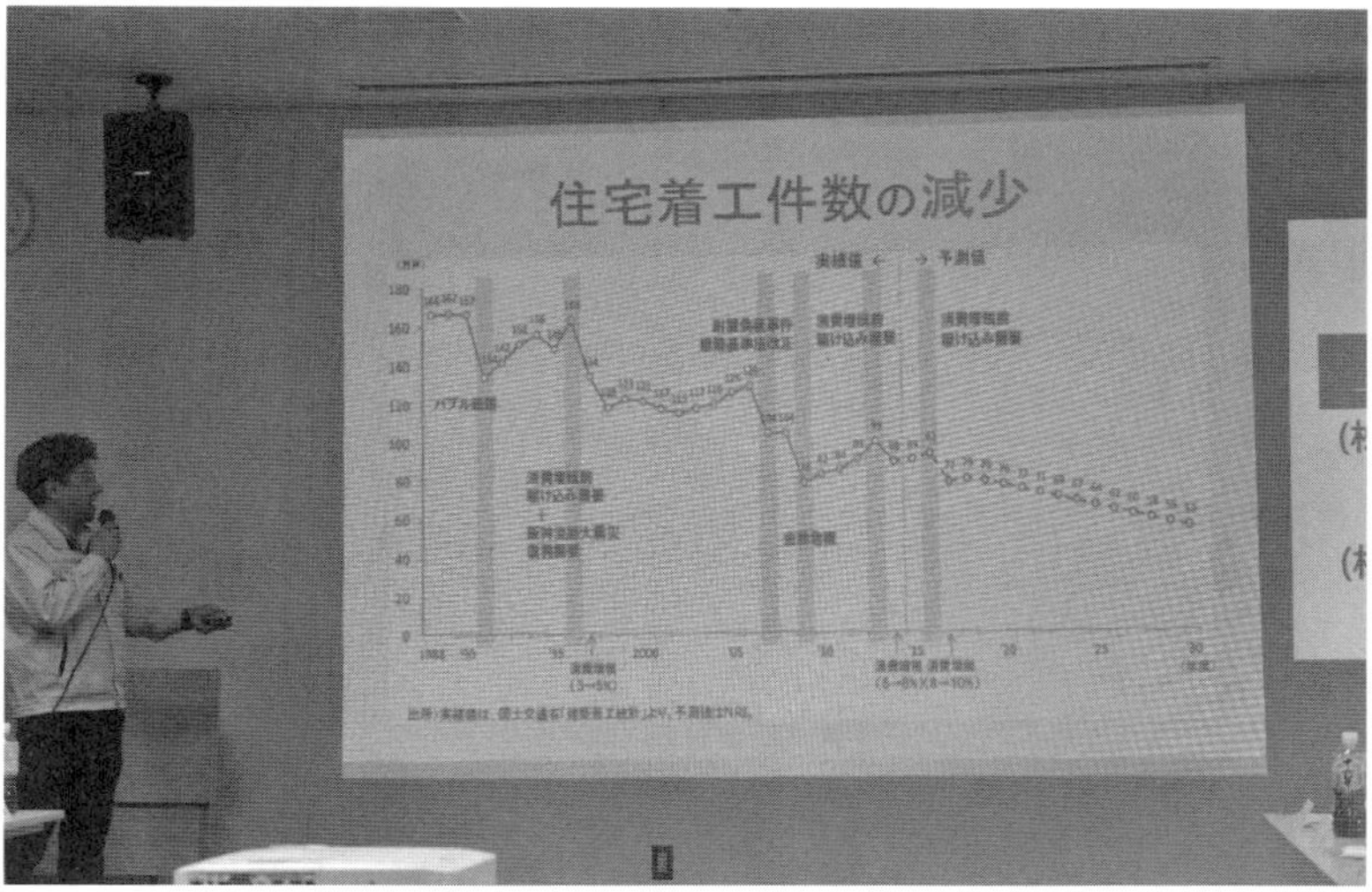

◆プレゼンテーションで、数値とビジュアルでゲストハウスの将来性を語る、工務店の横田圭亮さん

りを目指している。

内装仕上げ工事業・建築工事業・リフォーム・新建材、住宅設備機器販売などを営む株式会社横田の横田圭亮《けいすけ》さん。公共事業を中心としながら一般住宅の建築も手掛ける中村工務店・中村文雄さん。

横田さんと中村さんは、仲間に呼び掛けて5名でLLP（有限責任事業組合）タモリ舎を創設し、町中の古民家をリノベーションしゲストハウスをつくろうとしている。外国人観光客を迎え入れることを視野に、地域に新しい交流の拠点を生み出そうという狙いがある。社名の「タモリ」は「田辺市を守る」から取ったネーミングだ。

円座史人《えんざふみひと》さんは、地元の介護施設で働いている介護福祉士。高齢化率も高く、地域の商店街が寂れ買い物ができにくい状況にある同市で、小さな街のマルシェと連携し、地域コミュニティーを新たにつくることと、日常食品が購入できることを構想している。

堀忠商店の堀将和さんは、酒類の卸販売店。取り引き先が２００店舗ある。しかし酒販店の高齢化・後継者不足、コンビニやディスカウント店での酒類販売が台頭してきたことなどで売り上げが減っている。そこで、これまでの販売網とルートを活かし、商店街・小売店の商品を、高齢者宅に届けるサービス展開を予定している。買い物難民と呼ばれる個人と、商店のニーズをマッチングさせて、ニッチ（隙間）ビジネスを生み出す仕組みだ。

◆ゲストハウスのためのプレゼン資料

筆者の長男・金丸知弘も塾生メンバー。農家の柑橘類を使ったジャムや自家製パンを販売する店を山間地の旧龍神村に開いた。田辺市との合併前に村が建てたアーティストのための６棟のアトリエ兼住居の１棟に家族とともに移住した。同じ地区の染め物、エアブラシなどアーティスト仲間と連携し、ものづくり体験や近くの温泉をつなぎ、食べて、体験して、憩える、家族で訪れたくなるような地域を目指している。

デザイナーの竹林陽子さんは夫の地元だったことから、結婚を機に田辺市に来た。フリーランスとしてウェブや紙媒体のデザインをしている。他にも建築設計士から「虫食いで出荷できない木材をなんとかできないか」と相談されて、あえて虫食いのところを活かした手づくり箸のキットや飾り板などを作製し、デザインの力で未利用材の活用を試みている。

喜田義人さんは、地元メディア『紀伊民報』の記者。地域の取材力を活かして、地元の農産加工業の商品や個性を取り上げ、物語とともに冊子にし、都会に届けるプロモーションを提案している。メンバーが連携できると、そのまま、新たな仕事が生まれるように人選されたのがわかる。町中から農村部・工務店・公共事業・家具販売・森林組合・食品加工・介護・観光業・デザイン・新聞と、商品づくり・市街地活性化・プロモーションまでが想定されていて、地域発信ができるようになっている。

現場の実践者が自ら企画した事業の具現化をサポート

今回の塾の企画立案から塾設立・人選・運営まで、中心となってきたのが、田辺市企画部たなべ営業室の鍋屋安則さん。

鍋屋さんは次のように語る。

「田辺市は小売業・卸売業などが多い。人口減少問題がクローズアップされるが、内需に依存した経済構造である田辺市は、人口減少により地域経済に大きなダメージを与える。そのため地域外から人を呼び込む『交流人口の増加』と、外貨を獲得しできるだけ地域内で経済を循環させる『地域経済の活性化』を目標と定めました。

しかし『地域経済の活性化』に結び付けるためには、これまでの行政主導のハード事業では限界があります。市民自らがさまざまな地域課題や地域資源をニーズもしくはビジネスチャンスと捉え、事業を実践することで企業収益を上げていくことがもっとも重要であり、そのためにはこうした視点で考える人材育成なくして『地域経済の活性化』はあり得ないと思ったのです。

塾生は金融機関をはじめ講師の方などから推薦を受けた人たちが中心です。塾生構成メンバーは考えましたし、すべて参加前にお会いして仕事のことを教えていただきました。塾生のネットワークで、事業とプロモーションができる体制が生まれることは、もちろん想定しています」

方向性として「今後は人材育成こそが、地域にとってはもっとも大切になる。それが地域づくりの要です」と言い切る。総予算は３００万円。人材育成は、真砂充敏《まなごみつとし》市長がもっとも力を入れた政策でもある。

そもそもこの講座の企画は、なぜ富山大学だったのか。地域づくりをビジネスの視点で考える人材育成が必要だということになって、それにふさわしい大学があると、池田正弘副市長が推薦した。

富山大では地域人材育成講座が、富山県内の魚津市や高岡市で実施されていた。中心となったのが同大地域連携戦略室長の金岡省吾教授。金岡教授は、かつてシンクタンクで働いた経験がある。そのとき事業プランをつくる仕事に携わったが、いくらこちらが考えても、地域の人たちが自発的に出したものでないと実りがないことを痛感したという。そこで大学に入ってからは、自治体に働き掛け、市と大学の連携事業で講座を開設。地元の事業者が学び、お互いを紹介し合い、それぞれが考えたプランをつくり実践する形を取った。その結果、実行率は5割を超えた。その仕組みを田辺市に取り入れることとなったのだ。

「たなべ未来創造塾」の準備期間は2年間。担当の鍋屋さんは、その間、富山大学にノウハウを学びに通ったという。運営の仕組みを学び、実際に起業した人たちにも会った。

「最初はなんで行くのか、どうするのか、さっぱりわからないことだらけでした。富山には20回は通いましたし、講座を受け、実際に塾生の方たちの現場も訪ねました。金岡教授にも田辺市に10数回来てもらい、町を見てもらって塾のプランを一緒に練りました」と鍋屋さんは言う。

移住促進と町の魅力発信にも熱心な田辺市

実は和歌山県は若い人の移住・定住に熱心で、大阪、東京でほぼ毎月のようにセミナーを開催している。県では、40歳未満の移住者への奨励金（最大250万円／世帯）、移住希望者の現地滞在費助成（最大1万円／世帯）、起業補助金（最大100万円／事業）、空き家の紹介など多くの支援を行なっている。

定住のためのグラフィックを多用した詳細な冊子がつくられ、移住者の写真、インタビュー、補助制度など、わかりやすく紹介している。

東京・有楽町にある認定NPO法人「ふるさと回帰支援センター」には、早くから県職員が常駐する「わかやま定住サポートセンター」を置いていた。

同センター東京担当の芝めぐみさんによると「前は隔月で移住相談会を行なっていたのですが、

今はほぼ毎月行なっています。熱心なのは田辺市で、毎月東京にお見えになります。市単独の相談会や、移住者に来ていただいての相談会も開いています。塾まで開設して創業を支援する熱心なところは、県内でも田辺市だけかもしれませんね」とのこと。

和歌山県の移住・定住者は２００９年41世帯76名だったものが年々伸びて、２０１５年は１１３世帯２２３人にまでなった。２０１６年の実績は１１４世帯１９２人。そのうち田辺市の移住者数も年々伸びている。２００９年の移住相談件数は74件。移住は12世帯23名。毎年、同程度の移住がある。２０１５年の移住相談は１９３件。実際に移住したのは18世帯37名。

和歌山県は地域の情報を具体的に紹介するプロモーションに熱心だ。しかし芝さんから言わせると「まだまだ」とのこと。それにしても、外部発信と人材教育を含めた受け皿づくりまでを県と歩調を合わせて行なう田辺市は、今後、地域づくりのトップランナーになるに違いない。

総合デザインが新たな地域を創造する

今、地域づくりで注目されているところは、消費者のほしいものを調査して食べ方まで提案をしている。人材教育に力を入れて、売れる品種やレシピを提案している。外部との交流事業で新たな視点をつくっている。景観や環境づくりに力を入れている、なかには再生可能エネルギーも始めている。地域に必要なものをそろえて、いいものをきちんと消費者に伝え販売をしているところ。それも横断的な取り組みをしている。

いずれも共通していることは、

①地域の持てる物を徹底して集約をして方向を明確にしている
②人材教育に力を入れていて若い人を育てている
③ものづくりに時間と労力を注いでいる。その結果、商品力がある
④外部に視察に出かけ貪欲に外部ノウハウを吸収している
⑤外部との接点で対外的に売れる新たなチャンネルをつくっている
⑥消費者との接点をつくり、なにが求められるかを把握しながらポイントを絞って商品開発
⑦体験教室があって、参加して楽しめる
⑧メニューとレシピ提案を行ない、実際の料理を提供している。もしくは、きちんとしたパンフレットをつくりビジュアルで見せる。レシピにお金と手間をかけている
⑨食材の材料、なりたち、食べかた、料理法まで、きちんと背景を語れる
⑩栄養士と連携し、健康面での食べ方が提案できている
⑪食育を行ない、相手に伝えることができている
⑫学校給食も巻き込み地域連携をしている

などが挙げられるだろう。

活力あるところは、これまでの農業、観光、商品と、とかくばらばらだったものを、全体で捉えて、客に喜んで食べてもらえる、来て楽しめる、泊まって楽しめる、見て安らぐなど、総合的に考え、形にしている。

つまり地域のスキルを横に横断的かつ総合的に連携して面でパーソナルを売っていく仕組みだ。

横断のマーケティングよる町づくりといっていいだろう。
さらに一歩進んで、今、力を持っているところは、次の要素まで踏み込み始めている。
①IT、インターネット、POSシステムを利用して、顧客管理、商品管理を実施して、売れ筋の把握や販売態勢の確立を行なっている。それによって通販も伸ばしている
②デザインもトータルに考えて、専任でデザイナーを雇っている
③全体の店舗やデザインや景観に配慮をしている、自動販売機を一切置かない、あるいは景観を配慮して目隠しをするといったところもある
④環境を考えリサイクル、リユース、太陽光、有機農業など、持続社会に必要な要素を取り入れ始めている
⑤料理メニューや体験プログラムの開発を行ない、地域側が、消費者に提案をして、食べ方や学びの場などを創造している
生産だけではなく、加工、販売、料理、サービス、営業までもトータルでものを考える時代になっている。出口（消費者の食べるところ）、つまりステージをわかったうえで、生産や加工を考えているわけだ。

食のテキスト化のメリット

私も地方の自治体や団体などから要請を受けて、食のテキスト化とワークショップを行なっている。青森県三沢市、秋田県能代市、岐阜県高山市、茨城県小美玉市、常陸太田市、兵庫県豊岡市、

山口県長門市、長崎県平戸市、大分県竹田市、高知県はじめ、各地で実施してきた。

いずれも地域の食をブランドにしたいという要望があったところで、食材の調査をし、そこから参加型で料理をつくり、レシピを共有化するものだ。こうしたスタイルができてきたのは、10年前くらいから。

なぜ参加型で行なうようになったかというと、地域で特産品を売りたいと相談されるが、どんな素材ですか？　品種は？　環境は？　栽培方法は？　他とどう違いますか？　どんな食べ方をしますか？　と質問をすると明確に答えられないケースが圧倒的。

メインとなる素材を使った料理のバリエーションを聞いても、丼とか、焼き物とか、種類の幅がとても狭い。しかも行政やＪＡの職員も農家も漁師の方も、基本の調味料をほとんどわかっていない、ということがわかった。これでは特産品どころか、観光で食を売り出すというには、あまりにも心もとない。うまい料理を開発することなどおぼつかない。そもそも他の産地との違いや、うまみや味わいの特徴やレシピ提案が明確にできなければ、地域の売り込みの発信はできない。売りたいならば、素材の調査から行ない、料理まで提案すべきだろう。

こうして野菜でも魚でも、地域の売りたいなど素材の品種、栽培法、環境、旬、文化、歴史までを調査しテキスト化をし、そこから参加型で料理をし、実際に体験をし味わってみるというワークショップを始めた。

テキストがあり、料理レシピがあり、写真があり、それをまとめれば、売り込みは容易になる。商店、料理店、加工業、農家レストランのメンバーが参加し、テキストとレシピを共有化すれば、地域の多彩な商品が生まれやすくなる。誰でもが説明ができる。

テキストは県の試験センター、大学の農業や水産の専門分野や栄養士と連携すれば、非常に具体的なものができる。料理は地域の若いレストランの料理家と組んで開発できる。

実際にきちんとテキスト化までしたところは、売り上げも料理の幅も増えている。

テキストを作成することは、他にもさまざまな効果を発揮する。

①地域の産物の文化的背景から素材の持ち味や栽培法や味や香りまで具体的に特徴を伝えることができる

②料理や加工をするときに、素材の特性を活かした方がやりやすくなる

③販売をするときに背景にある物語を具体的に消費者に伝えることができる

④商取り引きをするときに特性を明確に語ることができる

⑤テキストとレシピを共有化することで、農家・料理家・栄養士・役場・学校など、誰もが地域の食材の特徴を話せるようになる

⑥プロモーションを行なうときにメディアや取り引き関係者に正確に情報を渡すことができる

⑦食育で地域の食を子どもたちに具体的に伝えることができる

⑧料理をするときに素材の背景から語ることで、持ち味の豊かさを伝えることができる

⑨ここだけにしかない特産品として「商標権」や「知的財産」などの登録に優位となる

⑩食のブランド化を謳うときに特徴が明快になる

⑪輸出するというとき素材の特徴とトレーサビリティがはっきりしていることから優位になる

そしてここに、地域らしい風景、環境、くつろげる宿、歩ける街、商店街、サイクリングのコースなど持続的な取り組みがあれば、豊かな持続的社会が生まれるに違いない。それらの視点は、イタリアと日本各地を訪れるなかで学んだことだ。

私の一番好きな言葉がある。スローフードを生んだカルロ・ペトリーニ氏の言葉だ。

「宣言するより実行せよ」

自ら実践をする各地の人びとの新しい運動が、今、面となり未来を創造しようとしている。

おわりに

取り上げた地域の活動は、いずれも新鮮で胸が高鳴るものばかり。躍動感に満ちている。その驚きとときめきをなにより大切にチョイスし構成をしたものだ。登場をした人たちの取り組みのノウハウが横につながれば、豊かで持続的な地域が育まれるに違いない。独創性と創意と工夫と個性にあふれている。

実際のノウハウ連携では、（一財）都市農山漁村交流活性化機構（まちむら交流きこう）の事業、農水省の「地産地消の仕事人・現地検討委員会」（２０１０年～２０１３年）の委員に呼んでいただき、現地セミナーを委員メンバーが提唱し、実現した。合宿形式で行なうものだ。２０１４年以降現在まで、学校給食等地場食材利用拡大委員会委員として現地セミナー連携事業にも参加させていただいている。飯豊町・農家宿泊とインバウンド、さいたまヨーロッパ野菜研究会、ＪＡよこすか葉山・すかなごっそなどは、現地ノウハウ連携セミナーから知った取り組みだ。

他方、筆者が立ち上げたクリエイターの集いライターズネットワークのセミナーをきっかけに知り合った人たちからも大いに刺激を受けた。自主講座の講師としてお招きした中央大学法学部・工藤裕子教授、ＮＰＯ法人離島経済新聞・鯨本あつこ編集長、株式会社百戦錬磨・上山康博代表取締役、ＦｏｏｔＰｒｉｎｔｓ・前田有佳利編集長などである。また、株式会社六星・宮城円専務は、ネットワークのメンバーである金沢のフードコーディネーター・つぐまたかこさんが開いてくれた集いで知り合った。

今後の地域活動で注目されているのは再生可能エネルギー。太陽光、風力だけではなく、バイオマス、地熱、小水力発電などさまざまなものがある。エネルギーを一番使うものは建築物と車といわれる。建築に関しては窓の二重化、厚い壁、年間を通して安定した水温を保つ地下水の置換による冷暖房利用、ＬＥＤ、温水器、などを組み合わせる工夫で、電気を大幅に激減させることができる。同時に工務店、電気店など、地域に新たな事業が生まれる。

全国の具体的なノウハウの連携が始まっていて、それを公開・現地視察などを実践しているのが「一般社団法人エネルギーから経済を考える経営者ネットワーク会議」（鈴木悌介代表理事）。この会議からすでに多くの事例が生まれている。ホームページには各地の再生化可能エネルギーの取り組みが惜しげもなく公開されている。また専門家による現地派遣調査も実施されている。同会議のアドバイザーとして招かれたことから、多様な地域に向いた再生可能エネルギーがあることを学んだ。

エネルギー問題で今後大きなテーマとなるのが、車社会の転換だ。イギリス、フランス、中国をはじめ多くの国がＥＶ（電気自動車）に将来すべて切り替えると方針を打ち出した。アメリカも日本もＥＶに動きだした。もっとも早い取り組みになるだろうと予測されているのが離島だ。離島経済新聞でも島の自給自足の再生可能エネルギーの実証実験が多数ニュースにあがっている。島だと車の走行距離もそう大きくはいらない。ＥＶと再生可能エネルギーが組み合わされば、劇的にエネルギー事情が変わるだろう。

さらに大きな変化があるのは、インバウンドにおける来日客の変化である。外国人観光客が求めるものは、日本食や文化、美しい風景、神社仏閣といった日本らしいもの。となると、これまで、観光資源と思っていなかったような、地域性のあるものこそが、大きな価値あるものとなる。これに海外の人にも情報を伝えられる無料のＷｉ－Ｆｉ、地域マップ、公共交通の案内、それに農家民泊・ゲストハウスを連携させる。そして地域ならでは食が提供できれば、国内外の人も惹きつけるものとなるだろう。

これらの実現には地域の力が必要だ。そのアイデアはすでに、多く芽生え、育ち、広がろうとしている。


出版に当たって、大学での講義、ラジオ番組「おいしい食の物語」（ジャパン・ＦＭネットワーク）、『地方行政』（時事通信社）はじめ、『環境会議』（宣伝会議）、『デジタル農業誌Ａｇｒｉｏ』（時事通信社）、『味の味』（アイディア）など、いくつかの場で発表してきたものを再編し、加筆した。本の制作に当たっては各地のみなさまのお力添え、編集部・山林早良さん、営業部・野木忠寛さんはじめ多くの方たちのご協力をいただきました。ここに感謝申し上げます。

妻・早苗と家族のみんなにも感謝します。

参考文献

第1章　『イタリアチーズの故郷を訪ねて――歴史あるチーズを守るDOP』本間るみ子［著］、旭屋出版、2015年
『EUの地理的表示（Gi）保護制度』ジェトロ・ブリュッセル事務所［作成］、ジェトロ（日本貿易振興機構）農林水産・食品部 農林水産・食品調査課、2015年2月）
『なぜイタリアの村は美しく元気なのか――市民のスロー志向に応えた農村の選択』宗田好史［著］、学芸出版、2012年
『林茂のイタリアワイン講座』林 茂［著］、飛鳥出版、2004年
『スローフード・マニフェスト』金丸弘美＋石田雅芳［著］、木楽舎、2004年

第2章　『子どもの味覚を育てる――ピュイゼ・メソッドのすべて』ジャック・ピュイゼ［著］、三国清三［監修］、鳥取絹子［訳］、紀伊國屋書店、2004年
『「常陸秋そば」の故郷　常陸太田の物語』金丸弘美［取材・文］、阿部雄介［撮影］、常陸太田市産業部農政課、2008年
『常陸太田の「ソバ（蕎麦）」の話』常陸太田市産業部農政課、2008年

第5章　『農林水産物直売所取組事例集』農林水産省、2016年8月
『6次産業化総合調査（平成27年度）』2017年6月27日公表、農林水産省
『農業で成功する人　うまくいかない人――8つの秘訣で未経験者でも安定経営ができる』澤浦彰治［著］、ダイヤモンド社、2015年

第7章　『茶事記』76号、株式会社吉村、2016年

第４章［95 ページ〜］⊕ユーザー感覚でゲストハウスを紹介
【FootPrints】
http://www.footprints-note.com/
『ゲストハウスガイド 100 ――Japan Hostel & Guesthouse Guide』（前田有佳利［著］、2016 年、ワニブックス）

［FootPrints］

第４章［101 ページ〜］⊕利用客の７割が外国人のゲストハウス
【千葉県佐倉市　おもてなしラボ】
〒 285-0023　千葉県佐倉市新町 168
TEL: 043-310-7595（受付時間：10:00 〜 21:00）
http://omotenashilab.com/

［おもてなしラボ］

第４章［106 ページ〜］⊕地域と連携して町の活気をつくるゲストハウス
【長野県下諏訪町　マスヤゲストハウス】
〒 393-0062 長野県諏訪郡下諏訪町平沢町 314
TEL: 0266-55-4716（8:00 〜 11:00、16:00 〜 22:00）
http://masuya-gh.com/

［マスヤゲストハウス］

第４章［107 ページ〜］⊕新時代のゲストハウスとして注目
【株式会社 Backpacker's Japan】
〒 111-0051　東京都台東区蔵前 2-14-13
TEL: 03-6240-9854（HOSTEL & BAR Nui.）
http://backpackersjapan.co.jp/blog/

［Backpacker's Japan］

第５章［117 ページ〜］⊕農協発！　売れる直売所
【神奈川県横須賀市　JA よこすか葉山 すかなごっそ】
〒 238-0316 神奈川県横須賀市長井 1-15-15
TEL: 046-856-8314
https://ja-yokosukahayama.or.jp/sucanagosso/

［すかなごっそ］

◎この本で取り上げた事例

＊スマートフォンなどでQRコードを読み取ると、URLにリンクします。

第1章 ［11ページ～］ ⊕農村観光の最先端
【エミリア・ロマーニャ州　アグリツーリズモ】
エミリア・ロマーニャ州公式サイト（英語）
http://www.agriturismo.it/en/

［エミリア・ロマーニャ州］

第2章 ［64ページ～］ ⊕理想的な連携で食文化を広げる
【福井県大野市　大野在来そば】
一般社団法人大野市観光協会
〒912-0081 福井県大野市元町10-23（七間朝市通り）
TEL: 0779-65-5521　FAX: 0779-65-8635
http://www.ono-kankou.jp/
そばの紹介動画
https://www.youtube.com/watch?v=e0UN7zVp-lg

［大野市観光協会］

［そばの紹介動画］

第3章 ［75ページ～］ ⊕台湾からのインバウンドで成功
【山形県飯豊町　農家民泊】
飯豊町観光協会
〒999-0604 山形県西置賜郡飯豊町大字椿1974-2
TEL: 0238-86-2411（代表）　FAX：0238-86-2422
http://www.iikanjini.com/

［飯豊町］

第4章 ［91ページ～］ ⊕ゲストハウスを世界につなぐ
【株式会社百戦錬磨】
TEL: 03-6206-9176（代表）
http://www.hyakuren.org/
民泊紹介サイト「STAY JAPAN」　https://stayjapan.com/

［百戦錬磨］

［STAY JAPAN］

第7章［185ページ〜］⊕お茶文化で国内外に攻勢をかける

【静岡県掛川市　丸山製茶株式会社】

〒436-0016 静岡県掛川市板沢 510-3

TEL: 0537-24-5588　FAX: 0537-24-5579

https://maruyamaseicha.co.jp/

［丸山製茶］

第8章［195ページ〜］⊕離島の情報をネットワークし交流させる

【NPO法人離島経済新聞社】

〒154-0024 東京都世田谷区三軒茶屋 2-49-6

http://www.ritokei.org

『うみやまかわ新聞』　http://umiyamakawashinbun.net/

［離島経済新聞］

［うみやまかわ新聞］

第8章［207ページ〜］⊕新しい地域ビジネスを育てて支援

【和歌山県田辺市　たなべ未来創造塾】

田辺市役所 企画部 たなべ営業室

〒646-8545 和歌山県田辺市新屋敷町 1

TEL: 0739-33-7714（直通）　FAX: 0739-22-5310（代表）

http://www.city.tanabe.lg.jp/tanabeeigyou/

［たなべ未来創造塾］

＊2017年10月現在

第5章 [128ページ~] ⊕生産を軸に多業態化して大成功
【群馬県昭和村　株式会社野菜くらぶ】
〒379-1207 群馬県利根郡昭和村赤城原 844-15
TEL: 0278-24-7788　FAX: 0278-24-7789
http://www.yasaiclub.co.jp/

[野菜くらぶ]

第6章 [143ページ~] ⊕直販8割の斬新集約型米づくり
【茨城県龍ケ崎市　有限会社横田農場】
〒301-0803 茨城県龍ケ崎市塗戸町 2047
TEL: 0297-64-5813　FAX: 0297-64-9743
http://www.yokotanojo.co.jp/

[横田農場]

第6章 [156ページ~] ⊕客の手に届くところまでデザインする
【石川県白山市　株式会社 六星】
〒924-0812 石川県白山市橋爪町 104
TEL: 076-276-5266　FAX: 076-276-5424
https://www.rokusei.net/

[六星]

第7章 [165ページ~] ⊕複合型ファーム 30 年の進化
【宮城県登米市　農業生産法人 有限会社伊豆沼農産】
〒989-4601 宮城県登米市迫町新田字前沼 149-7
TEL: 0220-28-2986　FAX: 0220-28-2987
http://www.izunuma.co.jp/

[伊豆沼農産]

第7章 [173ページ~] ⊕都市と田舎を結ぶ地域内連携
【埼玉県さいたま市　さいたまヨーロッパ野菜研究会】
[事務局]
〒338-0002　埼玉県さいたま市中央区下落合 5-4-3
さいたま市産業文化センター4階 さいたま市産業創造財団内
TEL: 048-851-6652　FAX: 048-851-6653
https://saiyoroken.jimdo.com/

[さいたまヨーロッパ野菜研究会]

◆著者紹介

金丸弘美（かなまる・ひろみ）

食総合プロデューサー。食環境ジャーナリスト。
「食からの地域再生」「食育と味覚ワークショップ」「地域デザイン」をテーマに全国の地域活動のコーディネート、アドバイス事業、執筆活動などを行なう。また各行政機関と連携した食からの地域づくり、特産品のプロモーション、食育事業のアドバイザーとして活動。
［役職］
総務省地域力創造アドバイザー／内閣官房地域活性化応援隊 地域活性化伝道師／小笠原諸島振興開発審議会委員（国土交通省）／学校給食等地場食材利用拡大委員会委員（農林水産省）／特定非営利活動法人発酵文化推進機構特任研究員／新潟経営大学特命教授／明治大学農学部食料環境政策学科兼任講師／フェリス女学院大学国際交流学部非常勤講師／ライターズネットワーク相談役／日本ペンクラブ会員
［著書］
『ゆらしぃ島のスローライフ』（学研）、『創造的な食育ワークショップ』（岩波書店）、『田舎力 ヒト・夢・カネが集まる５つの法則』（NHK 生活人新書）、『里山産業論 「食の戦略」が六次産業を超える』（角川新書）、『タカラは足元にあり！ 地方経済活性化戦略』（合同出版）など多数。

田舎の力が未来をつくる！
ヒト・カネ・コトが持続するローカルからの変革

2017 年 11 月 10 日　第 1 刷発行

著　者　金丸　弘美
発行者　上野　良治
発行所　合同出版株式会社
東京都千代田区神田神保町 1-44
郵便番号　101-0051
電話　03（3294）3506
振替　00180-9-65422
ホームページ　http://www.godo-shuppan.co.jp/
印刷・製本　新灯印刷株式会社

■刊行図書リストを無料進呈いたします。
■落丁乱丁の際はお取り換えいたします。

ISBN 978-4-7726-1324-8　NDC 601　188 × 130